广东省“十一五”社科规划课题资助号 03104L04

陈代芬 主编

珠三角

物流园区发展理论与实践

课题负责人：陈代芬
子题负责人：姜 宏 秦 固 张晋光 孟军齐
课题参加人员：黎红卫 等

人民交通出版社

内容提要

本书在深入分析珠三角地区经济发展特征及交通资源优势的基础上，通过实证研究深入探讨了物流园区形成的动力及模式，提出了珠三角地区物流资源整合的整体思路，以及适应珠三角物流园区发展的经营管理模式，并就政府在物流园区建设中的宏观调控问题提出了相关建议。

对政府、企业、研究机构等相关人员科学规划、建设和管理物流园区具有一定的参考价值。

图书在版编目（CIP）数据

珠三角物流园区发展理论与实践 / 陈代芬主编. —北京：人民交通出版社，2007.5
ISBN 978-7-114-06599-6

Ⅰ.珠… Ⅱ.陈… Ⅲ.珠江三角洲—物流—工业区—经济发展—研究 Ⅳ.F259.276.5

中国版本图书馆 CIP 数据核字（2007）第 077766 号

书　　名：珠三角物流园区发展理论与实践
著 作 者：陈代芬
责任编辑：赵瑞琴
出版发行：人民交通出版社
地　　址：（100011）北京市朝阳区安定门外外馆斜街 3 号
网　　址：http：//www.ccpress.com.cn
销售电话：（010）85285838，85285995
总 经 销：北京中交盛世书刊有限公司
经　　销：各地新华书店
印　　刷：北京宝莲鸿图科技有限公司
开　　本：850×1168　1/32
印　　张：5.75
字　　数：135 千
版　　次：2007 年 6 月　第 1 版
印　　次：2007 年 6 月　第 1 次印刷
书　　号：ISBN 978-7-114-06599-6
印　　数：0001-2000 册
定　　价：18.00 元

目录

Mulu

前 言

Qianyan

0.1 研究背景和基础综述

0.1.1 研究的背景及意义

物流园区是指由分布相对集中的多个物流组织和物流设施，以及服务功能等不同的专业化物流企业构成，并且具有产业组织、经济运行等物流组织功能，能实现物流规模化、功能化的物流组织区域。物流园区首先在日本、德国等物流业较为发达的国家和地区相继出现。据德国权威机构的研究，未来10年，即使在日本、德国这样运输业高度发达的国家，物流园区的建设仍将处于高速发展的时期。像日本的和平岛物流团地、阪神商业综合物流团地、荷兰鹿特丹物流团地以及遍布美国大城市群的配送中心和物流基地都对当地的经济发展发挥重要作用。其中日本的东京、阪神和京都三大经济圈的物流总量占日本全国比重长期保持在44%以上，不仅对日本经济发挥了支持作用，还优化了该地区的物流结构，促进了流通业的发展。

在我国，物流业正处于高速发展阶段，深圳、上海等物流业较为发达的城市对物流园区的建设已经开始了大量探索，长三角、珠三角、环渤海湾等经济区域的物流园区建设发展更快。《深圳市“十五”及2015年现代物流业发展规划》明确提出了深圳市建设现代物流中心城市的总体思路和目标:依托综合运输基础设施及物流信息两大平台,面向国际、衔接香港、联系内地,以区域物流为基础,以国际物流为重点,以配送物流为支撑的区域性综合物流中心,将重点建设机场航空、西部港区、盐田东部港区、笋岗-清水河、龙华、平湖六大物流园区。在深圳市即将颁布的“十一五”规划中,仍把物流业作为深圳发展的重点产业之一,物流园区的建设还将进一步推进。广州规划建设的有南沙、新沙、花都等三大国际性枢纽物流园区等。

物流园区的建设可以从整合现有物流资源入手,促进现代物流业的形成,提高物流社会化程度,为企业优化物流系统提供市场环境。通过物流园区的聚集效应,将零散的资源进行优化整合,将产业发展链条中的采购、供应、会展、销售、客户服务以及交易结算、物流、信息反馈等各项功能集中在一起,充分发挥其经济集聚作用,降低流通成本,提高经营效率,不仅使本企业的综合竞争力得以提升,还能够带动产业链条上的相关企业,降低成本,提高竞争力。但从国内外物流园区发展的实践来看,一方面物流园区在发展的过程中还存在很多问题,如我国近年规划建设的物流园区空置率高,实际发展较大幅度偏离规划目标等;另一方面缺乏理论指导,国内外对物流园区规划与运作中的许多问题仍在探索之中,甚至在很多方面还处于空白,因此,物流园区的发展缺乏科学方法和先进技术的支持。在物流园区发展的实践中,急需解决的问题主要在以下几方面:

(1)从日本、欧洲等物流业发展的进程看,物流业的发展特别是发展初期需要政府引导,物流园区的规划实施与城市功能定位、城市整体规划、交通基础设施等密切相关。建设物流园区政府应如何发挥积极作用,并营造适宜的宏观环境,以有效发挥物流园区对区域经济的积极作用?并制定相应的标准调整物流园区的发展,防止宏观失控、产业失调?

(2)现代物流要发展,企业要实现自己的利润目标,拉动物流发展的是物流市场需求,物流需求不足很可能成为物流园区发展的瓶颈。究竟物流发展的市场基础是否已形成?如何培育物流市场,以有效解决园区内物流企业与物流服务需求方之间的利益矛盾,实现企业利润的最大化?

(3)如何充分发挥区域经济的总体规划功能,有效整合物流资源,提高物流基础设施资源的利用率,以真正实现物流的系统化、综合化、集约化?

(4)如何结合国内物流园区发展的实际,同时借鉴国外的发展经验,为物流园区的发展提出相应的经营管理模式,以不断提升园区的整体竞争力,服务区域经济的发展?

这些问题的研究和解决不仅将为我国物流业的发展,特别是充分发挥物流园区对我国经济发展的积极作用提供有力的技术支持和系统的理论指导。本课题主要围绕上述问题展开研究和论证,其意义及应用价值在于:

(1)整合珠三角地区物流资源,促进并带动物流产业及其他产业的发展;

(2)为珠三角物流园区的发展提供切合实际的典型运作模式;

(3)为政府科学规划并建设珠三角物流园区提供科学依据和决策参考;

(4)为企业是否进入物流园区以及进入园区后的经营运作提供参考。

0.1.2 研究综述

物流园区是伴随物流业的发展出现的一种经济现象,具有很强的实践性,当然也离不开理论的指导。国内外对物流园区的理论研究主要是从规划方法方面进行探讨,实证研究则比较集中在经验的总结和一些发展模式方面的探讨。

0.1.2.1 理论方法

物流园区的理论研究目前主要在物流园区规划方法方面。物流园区规划本身是一项庞大而复杂的系统工程。关于物流园区规划方法,不同学者提出了不同的看法,但就其内容而言,大体相同。如德国弗劳恩霍夫物流研究院(Fraunhofer IML,简称德国物流研究院)提出的 MSFLB 物流园区规划方法,需要通过 5 个步骤来实施,也称"五步曲",它们分别是:市场分析(Market Study)、战略定位(Strategic Positioning)、功能设计(Function Design)、布局设计(Layout Design)和商业计划(Business Plan)。MSFLB 是这 5 个步骤中英文单词首个字母。该方法是在众多的国际性物流园区规划项目实践中总结出的基于需求驱动、竞争驱动和最佳实践驱动的一种物流园区规划方法。

关于物流园区规模的确定方法,在国内外也有些研究,如东南大学交通学院等提出的基于多指标群决策的物流园区规模确定方法,就是根据物流园区规模确定存在多因素影响的特点,通过分析影响物流园区规模确定的主要影响因素,采用专家群决策方法,构造物流园区的综合评分矩阵,从而得到各物流园区的具体规模。由于模型采用了多因素的专家群决策方法,因而在物流园区的规模确定中,能够综合考虑影响物流园区规模确定的多种因素,通过构建合成权重矩阵和评分矩阵,得到综合评分矩阵,根据各物流园区的加权综合评分值,确定各物流园区规模的分摊比例,能比较有效地反映各物流园区的规模分摊。

0.1.2.2 实证研究

我国一些物流研究机构,在对物流园区的研究方面更多地体现在实证研究方面,特别是通过考察欧美、日本等国物流园区建设的经验,结合我国发展实际,总结出一些发展经验和建设模式。

目前国内在对物流园区的研究中,普遍认为:物流园区(Distribution Park)是指众多物流企业聚集在一起,实行专业化和规模化经营,发挥整体优势、促进物流技术和服务水平的提高、共享相关设施、降低运营成本、提高规模效益的一种物流组织形式。物流园区的特征有:集中成片的物流用地;完善的物流服务功能;众多的物流企业;统一的物业管理;一定的政策环境。

物流园区的职能主要体现在两大方面,一是代表政府发挥管理职能;二是物流服务职能。物流园区的功能可以分为四个方面:第一,对外服务功能。物流园区汇集物流企业的资源,发挥企业之间的功能互补作用,开展物流服务。第二,对内服务功能。园区通过基础设施平台建设、信息平台建设、统一的物业管理、完善的生活服务,为园内企业及其职工服务,降低企业的经营费用,提高企业效益。第三, 社会功能。为消费者维权服务,执行政府有关物流业的发展规划,营造公平的竞争环境。第四,自身发展功能。

物流园区的管理模式是指物流园区为实现发展目标而采取的决策、组织、管理形式。从本质上来看,园区管理就是协调包括政府、投资人、物流企业、客户和消费者等各方面的利益关系。物流园区管理的五种模式:管理委员会制、股份公司制、业主委员会制、协会制和房东制。

在珠三角物流园区发展问题的研究方面也有些探讨,如在关于珠三角物流园区布局规划问题的研究中,通过分析建设发展物流园区的环境条件,认为珠江三角洲可以大力发展物流园区;并在分析物流园区建设发展中需要解决的基本问题、物流量的确定方法以及物流园区布局思路等问题的基础上,提出了珠江三角洲物流园区布局的基本方案。研究认为,存在两种联运方式(公路—铁路或公路—水路联运)的物流园区间距宜定为 40 ~ 60 km ,仅有公路一种运输方式的间距宜定为 30 ~ 40 km。研究认为,物流园区按照功能可以分成商贸型、流通型、运输枢纽型、综合物流型四类。物流园区的形成一般经历规划、开发建设、企业入驻、形成市场四个阶段，投资主体可以不同。园区的发展目标是满足整个城市物流业发展的需求，园区功能包括对外、对内、社会和自身发展四个方面。园区管理可以分为决策、管理、业务三个层次，管理模式有管理委员会制、公司制、业主委员会制、协会制和房东制五种。为保证园区健康发展，园区管理应该按市场规律运作，公司化运行，政府参与决策，重视软环境的投入。

0.2 研究思路和主要内容

物流园区不仅是一个地域上的物理空间，更是物流业发展到一定阶段产生的一种物流组织和运作方式，与工业园区、科技园区一样具有产业一致性或相关性。珠三角物流园区的发展不仅需要借鉴国内外物流园区发展的经验，而且和珠三角经济发展的现状及产业特征密切相关，因此，本课题研究的整体思路是在对珠三角整体经济实力及产业特征进行深入分析的基础上，结合珠三角物流园区发展的基础设施条件，借鉴国内外物流园区发展的先进经验，从物流园区的形成、资源整合、经营管理、宏观调控等方面对珠三角物流园区的运作模式进行了深入探讨。整体思路如图 0-1 所示。

研究成果共分为七章进行阐述。

第一章，通过对珠三角地区经济发展整体特征，以及各城市产业发展特色和方向的研究，深刻分析了珠三角地区物流行业发展和物流园区建设的社会经济背景。本章由姜宏完成。

第二章，在阐述物流及物流园区与经济发展相互关系的基础上，探讨了珠三角地区经济对物流业发展的积极影响，以及物流业发展对珠三角经济的促进作用，并对珠三角地区物流园区的发展现状和存在的主要问题进行了深入分析，提出了本课题后续研究所要解决的核心问题。本章由陈代芬、姜宏完成。

第三章，通过实证研究深入探讨了物流园区形成的动力及模

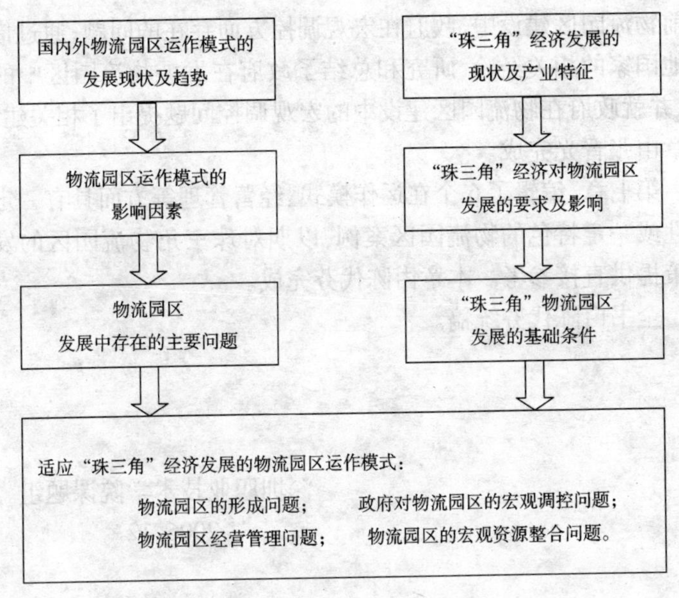

图 0-1　研究主要的内容和整体思路

式,在德国弗劳恩霍夫物流研究院提出的 MSFLB 物流园区规划方法的基础上,分析了珠三角物流园区规划与设计的基本程序与方法。本章由秦固完成。

第四章,在对珠三角地区物流园区建设的经济基础、地理位置、交通基础设施等宏观资源进行深入分析的基础上,提出了珠三角地区物流资源整合的整体思路和具体途径。本章由姜宏、孟军齐完成。

第五章,在对现代物流园区经营管理职能及发展特征进行分析的基础上,提出了适应珠三角物流园区发展的经营管理模式,并在此基础上重点探讨了国内发展较快的保税物流园区和亟须大力发展的农产品物流园区的经营管理问题。本章由陈代芬完成。

第六章,分析了政府在珠三角物流园区发展中的作用;探讨了目前物流园区建设中,政府在宏观调控方面存在的问题;通过借鉴其他国家的相关经验,研究和总结了政府在发展物流园区中的职能;并就政府在物流园区建设中的宏观调控问题提出了相关建议。本章由张晋光完成。

第七章,编辑了6个在运作模式、经营管理等方面具有一定代表性或一定特色的物流园区案例,以期对珠三角物流园区的发展决策提供直接参考。本章由陈代芬完成。

全书由陈代芬统稿。

深圳职业技术学院课题组

2006.12

第1章 珠三角地区经济发展特征

广东简称“粤”，是中国内地最南部的省份，毗邻港澳，陆地面积17.8万km^2，海岸线总长3 368km。广东境内最长的河流——珠江，全长2 122km，是中国的第三大河流。经过改革开放26年的强劲发展，陆地面积只占全国1.85%的广东，贡献了占全国1/9的经济总量、1/7的财税收入、1/4的外资总额、1/3的对外贸易金额。如今，广东不仅是华南地区经济最强的省份，还被誉为“世界制造业基地”。

广东珠江三角洲地区，位于广东省中南部，地处珠江出海口，濒

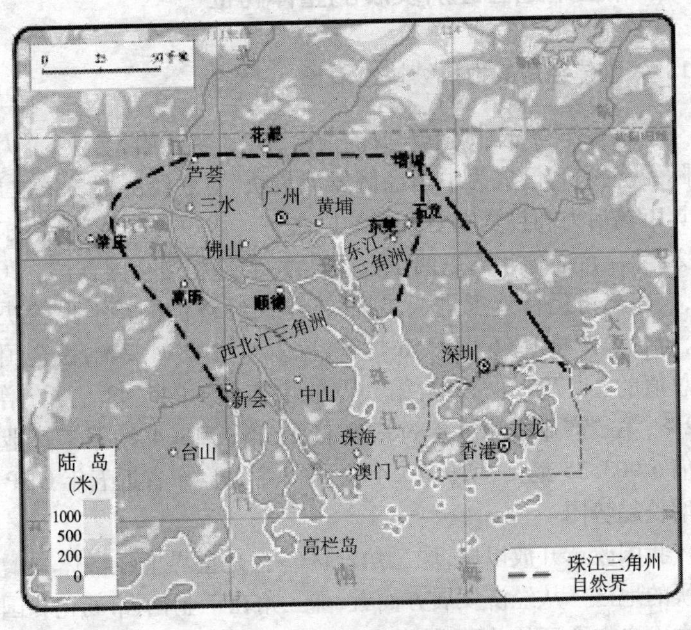

图1-1 珠江三角洲自然区域图

临南海，毗邻港澳，是华南、中南、西南地区对外联系的主要通道，是我国的南大门，是华南地区的中心经济带，有着中国最大的城市群落，是全国两大经济圈之一。作为广东的经济核心区域，珠三角总面积仅占广东土地面积的23%，但却贡献了超过80%的生产总值。

珠三角内接国内市场，西向东南亚，外通世界市场，拥有良好的深水港，是太平洋和印度洋的交通枢纽，又是东西航空枢纽。珠三角面积4.17万km^2，占广东省土地面积的23%，约占全国面积的4‰，常住人口3 714万，占全省的47%。珠江三角洲包括广东省内的广州市、深圳市、珠海市、东莞市、中山市、佛山市、江门市、惠州市、肇庆市九大行政区划市，具体区位如图1-1虚线所示范围。

1.1 珠三角地区经济发展的整体特征

1.1.1 整体经济实力持续快速增长

广东省作为全国改革开放的前沿，积极参与国际分工，努力与国际经济接轨，已成为中国经济发展最快、对外经济贸易最发达、最具市场活力和投资吸引力的地区之一。1979～2004年，广东连续25年生产总值年均以两位数的速度增长，稳居全国首位。2004年，广东经济运行速度进一步加快，国民经济仍保持平稳较快增长，全省生产总值16 039.46亿元，比上年增长14.2%，占全国生产总值的11.75%。其中，第一产业增加值1 245.42亿元，增长4.2%；第二产业增加值8 890.29亿元，增长18.4%；第三产业增加值5 903.75亿元，增长10.4%。图1-2为广东省近五年GDP总量增长趋势图。

我国改革开放以后，珠三角地区一直是世界上经济体中增长最快的地区。从经济发展方面看，珠三角在工业化、市场化和国际化方面走在全国的前面；从城市发展方面看，珠三角也是中国城市化和信息化水平最高的地区之一,整个珠江三角洲上形成了高起点发展的资金、技术密集型工业,高标准、大规模发展第三产业,培植起竞争力较强的主体产业群;在交通通信、金融、信息、科技、旅游、文化和对外交流等方面,形成了集体优势和综合优势。珠三角集中了18个国家级开发区,2个国家级软件园、12个国家"863"成果转化基地和1个国家级的大学科技园,高新技术产业规模占了全省高新技术产品产值的94%,为首批国家级电子信息产业基地,也是当今全球最大的出口加工区,是世界制造业基地和跨国采购中心,也是中国最大的加工出口及"三资"企业基地,其中电子、医药、建材的产值已居全国之首,纺织业居全国第二,家用电器产量约占全国的1/4,2004年,国内生产总值达9 565.29亿元,人均GDP为36 440.31元,9个城市的GDP均在400亿元以上,珠三角地区近五年主要城市GDP如图1-3所示。另外,社会消费品零售总额增长速度为11.4%,固定资产投资总额也增长了11%,珠三角地区近五年主要城市社会消费品零售总额如图1-4。

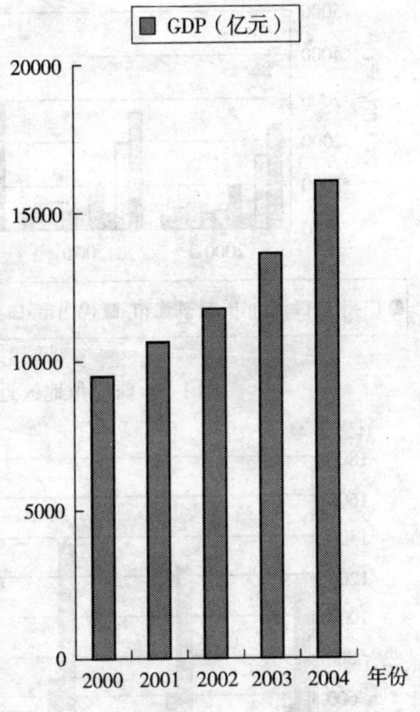

图1-2 广东省2000~2004年GDP增长趋势图

1.1.2 国际化外向型经济特点突出

广东与世界上200多个国家和地区建立了贸易关系。2004年外贸进出口总额3 417.8亿美元,其中出口总额1 185亿美元,

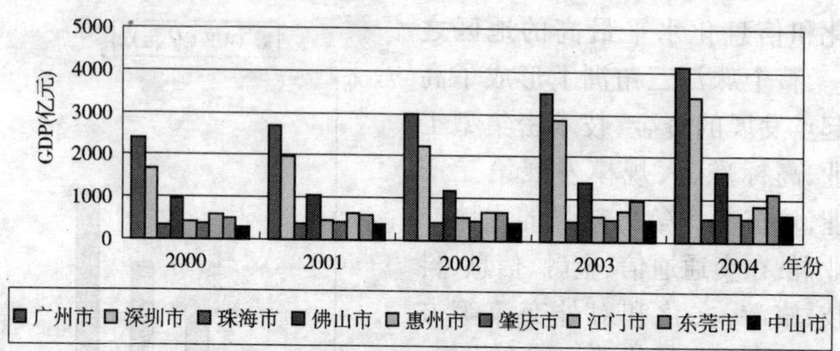

图 1-3　珠三角地区近五年主要城市 GDP 比较

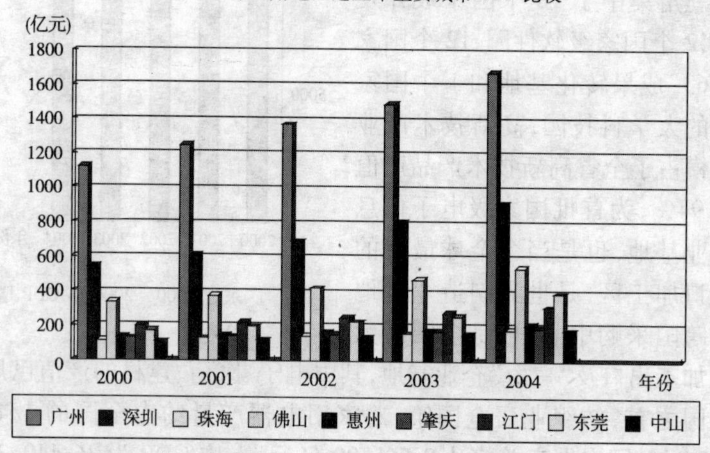

图 1-4　珠三角地区近五年主要城市社会消费品零售总额比较(亿元)

占全国的 29.6%(表 1-1、表 1-2)。广东是全国吸收外资最多的省份,截至 2002 年,累计实际利用外资约 1 576 亿美元,其中,外商直接投资 1 249 亿美元,占全国的 28%。近几年,广东每年实际利用外资均在 150 亿美元左右,2002 年外商直接投资达 131 亿美元。珠三角在整个广东经济发展中起着龙头带动作用,已经成为全国国际资本和跨国公司、国际大财团投资最活跃的地区之一。从全球范围看,珠三角进出口贸易范围已遍布世界 100 多个国家和地区,目前已设立境外企业600多家,分布在50多个国家和地区,从事贸易、金融、保险、机电、轻工、工程承包等行业,尤其是一批综合实力雄厚、管理科学、有产品和品牌优势的大型企业,纷纷在国外投资办厂,开展境外加工贸易和技术开发,正面竞逐国际市场。图1-5为珠三角地区近五年主要城市外贸出口额比较。

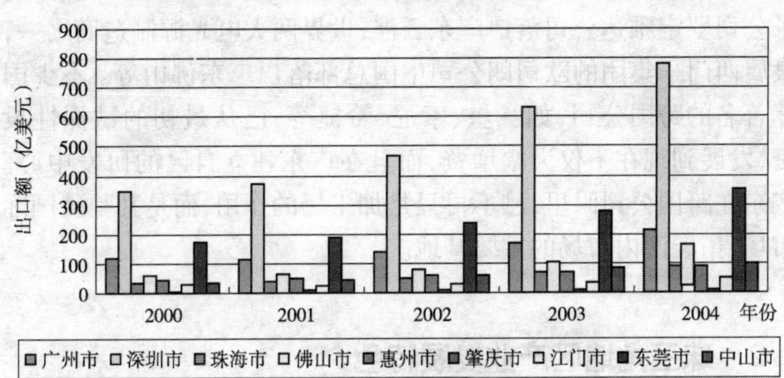

图1-5 珠三角地区近五年主要城市外贸出口额比较

(注:2004年为商务部新口径)

2000~2004年珠江三角洲与全国进出口贸易额比较(单位:亿美元) 表1-1

	2000年			2004年		
	进出口总额	出口额	进口额	进出口总额	出口额	进口额
珠江三角洲	1 508.5	802.5	706.0	3 417.8	1 822.2	1 595.6
全国总计	4 742.9	2 492.0	2 250.9	11 545.5	5 933.2	5 612.3
珠三角占全国比重(%)	31.8	32.2	31.4	29.6	30.7	28.4

注:2000年珠江三角洲未包括惠州市区、惠阳市、惠东县和博罗县。

2003、2004年深圳市进出口贸易额(单位:亿美元) 表1-2

指 标	2003年	2004年	增 长
进出口贸易总额	1 472.83	1 173.99	25.5%
出口总额	778.46	629.62	23.6%
进口总额	694.37	544.37	27.6%

至2004年底,世界500强企业已有166家在广东省设立492家企业,2004年新增62家。其中包括:丰田、本田、日产整车项目落户广东广州市;美国沃尔玛全球采购中心落户广东深圳市;中海壳牌南海石化项目落户广东惠州;本田、日产、丰田、日立、德国巴斯夫等5家汽配企业落户广东佛山;美国艾默生电气公司的全资子公司罗定雅达公司落户广东云浮;世界两大电光源制造商之一,隶属西门子集团的欧司朗公司中国总部落户广东佛山等。不少国际著名的跨国公司,如三星、索尼、希捷等,已从最初的试探性投资,发展到现在不仅大幅增资,而且在广东建立自己的研发中心。广东在跨国公司眼里,已不再只是加工场的作用,而是其驰骋国际市场、拓展国内市场的重要基地。

1.2 珠三角地区产业发展特色

1.2.1 产业结构不断优化

1990~2004年,珠三角产业结构不断调整优化,主导产业构成稳定。2004年三种产业的结构为3.8:53.8:42.4。其中第一产业占GDP的比重大幅下降,第三产业的比重大幅上升。2004年第二产业比重与全国平均水平基本相同,而第一产业比重比全国约低11.4个百分点,第三产业比重比全国约高出10.5个百分点,其产业结构优于全国。如图1-6为广东省2000~2004年各产业国内生产总值结构图,表1-3为珠三角和全国产业结构比较。

珠三角和全国产业结构比较(单位:%)　　表1-3

	第一产业		第二产业		第三产业	
	1990年	2004年	1990年	2004年	1990年	2004年
珠江三角洲	14.4	3.8	44.2	53.8	41.4	42.4
全国	27.1	15.2	41.6	52.9	31.3	31.9

珠江三角洲地处中国改革开放的前沿,在市场经济发展中一

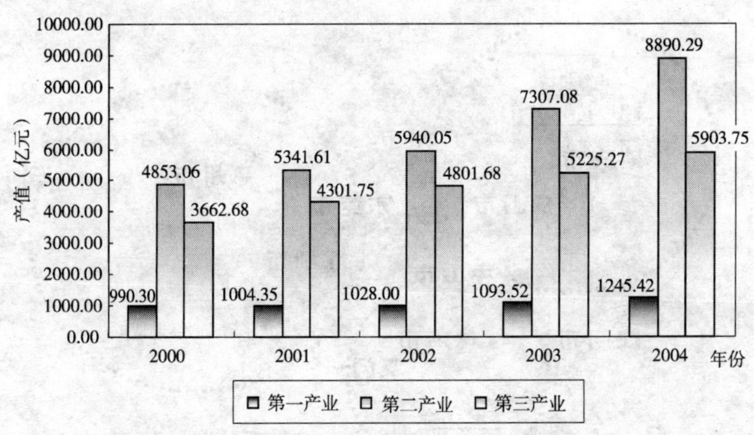

图 1-6　广东省 2000 – 2004 年各产业国内生产总值结构图

直处于龙头地位，是广东省对外交流、开放的门户，是一个人口众多，消费能力巨大的大都市城市群。独特的世界工厂地位使珠三角形成了巨大的产业流，至今，珠三角已经成为华南地区的经济聚集中心，而且其聚集效应仍在不断加强，并影响着产业集群的发展。其中电子信息、电气机械、石油化工、纺织服装、食品饮料、建材、造纸、医药、汽车等九大支柱产业的主导作用不断增强，电子信息、电气机械及专用设备、石油化工三大新兴支柱产业保持强劲发展态势，纺织服装、食品饮料、建筑材料三大传统支柱产业稳步发展，造纸、医药、汽车三大潜力产业发展迅猛，结构趋于优化。而珠三角的电子信息产业产值已占广东省电子信息产业的 96.8%；电子及通信设备制造业和电气机械及器材制造业的产值在全国的比重分别达 32.1% 和 25.1%，居全国第一位，初步形成了现代的 IT 企业群和家电企业群。珠三角 IT 类和家电主要产品产量均占全国的 19% 以上。目前，珠三角已经形成了三大具有一定特色的产业分工体系，如图1-7 所示。

第一，以珠三角东岸的东莞、深圳、惠州的电子及通信设备制

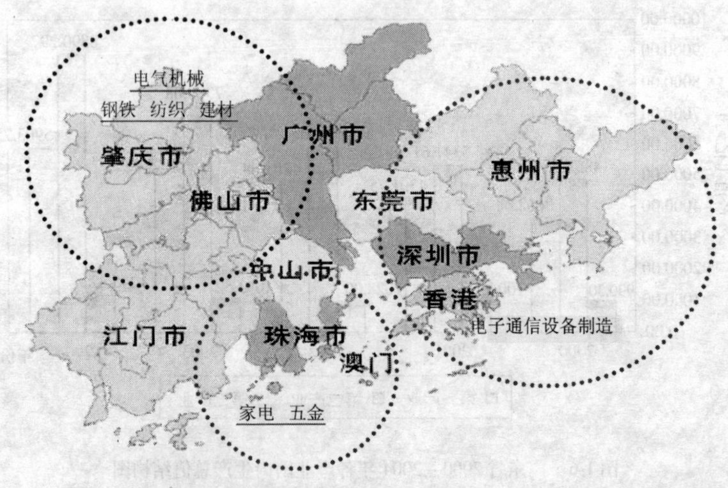

图 1-7 珠三角地区城市产业发展分布图

造业为主的全国最大的电子通信制造业基地,被称为“广东电子信息产业走廊”。其中,惠州不但是中国重要的彩电制造基地之一,拥有 TCL 王牌、康力、彩星、乐华四个在国内外市场颇有影响的彩电品牌,也是国际高级电工产品基地,拥有奇胜、国际电工两大品牌,占据国际电工市场份额的 2/3,还是亚洲重要的电路板制造基地。

第二,以珠三角西岸的珠海、中山为中心形成的以家庭耐用品、五金制品为主的产业带。如中山市以“一镇一品”为特色,北部为小家电、小五金,中部为服装业和家具业,西北部为灯饰加工,南部以外向出口加工企业为主。

第三,以中部的广州、佛山、肇庆为中心形成的传统的电气机械、钢铁、纺织、建材产业带。广州曾建设过标致汽车和乙烯工程,拥有广日电梯等多个品牌。佛山照明、日丰建材管等都是省内乃至全国驰名的品牌。

由此可见,珠三角无论是在传统的制造业产品方面,还是在现代新兴的高新技术产品制造业方面，都正在成为世界级的制造业基地。

1.2.2 东、中、西部都市区协调发展

2003年6月份广东省政府出台的“珠江三角洲城市化专题规划”，提出了对珠三角城市群产业的整体调整和优化的构想。根据该规划，珠江三角洲将分为三大都市区，分别是中部都市区、东岸都市区、西岸都市区。每个都市区的产业结构侧重点不同。

(1)中部都市区

以广州为中心，包括佛山、三水、花都、从化、顺德及肇庆的端州区、鼎湖区、四会市、高要市。这一都市区的产业发展基本上是对广州目前的产业的延伸——重点发展科技、金融商贸、资讯咨询与开发、周末度假相结合的旅游业等第三产业，同时发展以汽车制造、电子、机械、饮料及石油化工为主的第二产业。

(2)东岸都市区

以深圳和香港为中心，北接广州，南连香港，包括东莞、惠州两大副中心城市，市镇比较密集。这一区域主要发展以对外商贸为主的第三产业，工业开发与研究相结合的科研事业及通信器材、电子仪器、能源化工等工业。中心城市深圳特区和香港，将实现功能互补和结构性对接，共同形成国际性金融、贸易、旅游城市，带动全区的第二、三产业发展。这一区域的国际航空港和对外联系的铁路已基本形成格局，今后综合交通运输系统建设的重点将放在港口及相应的疏港交通和高速公路网上。

(3)西岸都市区

包括珠江口以西银湖以东的地区，行政范围主要包括珠海市、中山市、江门市的部分地区。由于区内中心城市集聚程度较低，实力较为均匀，各城市发展协调性不强，珠江西岸一直是珠三角发展较为缓慢的地区。为实现珠江三角洲协调发展，将通过发展西岸

地区,建立起与粤西、大西南的广泛合作与交流,促进共同发展。今后将从基础设施投入、产业宏观布局等方面对西岸进行倾斜。西岸都市区重点发展依托于港口运输的大工业如能源、重化工、机械工业及高技术的医药微生物工程,国外和国内并重的旅游业和以物资转运为主的港口贸易等第三产业。

1.2.3 各主要产业齐头并进

(1)高新技术产业

以珠三角为中心的高新技术产业带是目前我国规模最大、发展速度最快、产品出口所占比重最高的高新技术产业带。该产业带主要由:珠江东岸以深圳、东莞、惠州为主的电子资讯产业群;珠江西岸以广州、佛山、江门、珠海为主的电器产品产业群两大高新技术产业群构成。

在2001年广东全省的3 354亿元的工业增加值中,深圳、东莞、惠州以电子信息为主的产业群占了1 200亿元;广州地区以汽车、机电为主的产业群占了787亿元;佛山、中山以家电为主的产业群占747亿元;珠海的生物制药、家电,江门的纺织化纤,肇庆的电子基础元件,则分别占了162亿、204亿和101亿元。1991~2001年,广东高新技术产品产值增长了43倍,增速全国第一,而珠三角高新技术产品产值就占了广东全省的93%。2003年,珠三角高新技术产业带的高新技术产品产值达3 250亿元,列全国第一;高新技术产品出口额近1 300亿元,占全国比重高达40%。珠三角已成为全球最大的轻工业生产基地,其生产规模已超出美国东岸或者欧洲。以珠三角为中心的高新技术产业带是目前我国规模最大、发展速度最快、产品出口所占比重最高的高新技术产业带。近五年来,广东省高新技术产品产值以超过30%的平均速度递增,2001年产值达3 500亿元,是1991年的43倍,产值总量和增速均列全国首位,高新技术产品出口223亿美元,占全国高新技术产品出口的48%，也位居全国第一。目前，珠江东岸以深圳、东莞、惠州为主的电子信息产品产业群，西岸以广州、佛山、江门、珠海为主的电器产品产业群，聚集了中国大量知名的高新技术企业，它们共同构筑起珠三角高新技术产业发展的战略高地。

(2)电子信息产业

广东的信息产业主要集中于珠三角地区，以深圳、广州、东莞、惠州、佛山和中山为主体，形成了著名的电子信息产业走廊，其规模位居全国第一，已成为当今中国乃至世界最重要的IT产品生产基地之一。

从信息工业生产情况看，珠三角的IT产品在全国占据很大份额，该区生产的电话单机产量占全国比重近80%，数字程控交换机、传真机、打印机产量占全国比重均超过50%，大规模半导体集成电路、激光视盘机产量占全国比重也超过30%；微型电子计算机、移动电话机产量占全国比重20%左右。信息产业的快速发展为珠三角地区产业结构的进一步优化升级奠定了良好基础。珠三角的信息产业发展在全国占据重要的地位。近年来，在深圳、广州、东莞、珠海等地聚集了一大批IT高科技企业和国内外著名的科研机构，形成了较好的上、中、下游信息产业配套链以及日趋成熟的产供销网络，产学研一体化的技术创新系统初具雏形。在全国电子信息百强企业中珠三角占了近1/4，作为电子信息产品制造业重要组成部分的移动通信业，14家“国家队”企业中也有一半在珠三角。

(3)造纸业

广东是全国造纸及纸制品的生产大省，并已初步形成了以珠三角为核心的造纸产业集聚带。该产业集群主要分布在广州、东莞、佛山、江门、珠海、深圳和湛江等地区，集聚了全省近80%企业。

广东的造纸能力已达到600万t，其中75%～80%为包装用纸。随着广东造纸业步入规模化发展的轨道，国外大批造纸企业向珠三角转移，带动纸业及造纸原料的进口结构发生变化。据统计，2004 年广东口岸纸及纸板进口 438.3 万 t，比 2003 年下降 47%；而 2004 年进口纸浆为 102.9 万 t，同比增长 14.2%；进口废纸 393.8 万 t，增长两成多。

(4)纺织服装业

广东不仅是全国纺织品生产和出口大省，还是全球第三大服装出口基地。2004 年，广东服装、纺织品出口达 178.27 亿美元，其纺织工业各大类产品、品种、质量、品牌和工业总产值、销售额等指标均领先全国。

广东纺织服装业集群区主要集中在珠三角的广州、深圳、佛山、中山、东莞、江门等市所属的 40 多个镇(区)。纺织服装业集群化的发展已成为广东纺织服装工业发展的一大特色和产业竞争力的重要源泉，其优势主要表现专业化生产小而精，小而专，相互配套协调。如中山的休闲装，东莞的服装、毛针织，佛山的面料、针织等产品在国内外享有盛誉。

(5)建材业概况

广东是我国的建材生产大省，产业规模全国最大，经济总量居全国之首，现已发展成为门类比较齐全、产品配套能力较强并有相当规模和水平的重要产业。

广东建材业的聚集区主要集中在珠三角的佛山、江门等市，如佛山陶瓷、佛山(顺德)建筑涂料、佛山(大沥)铝型材、江门(开平)水暖卫浴等。广东的建材品种丰富，新产品开发速度快，特别是在饰材方面，处于全国领先地位，非常有利于产业竞争力的提高。

近年来，广东建材业外向型经济进一步发展，出口贸易活跃。2004 年，全省建材出口量占全国出口总额 30% 以上，居全国第一。其中，优势产品建筑陶瓷的出口额近几年年均增长速度就达 70%

以上。

(6)电器机械产业

广东已形成以广州、深圳和佛山等装备制造业基础较好的城市为中心,辐射珠江三角洲,带动东西两翼共同发展的电器机械产业集群,拥有一批在国内占有较大市场份额的优势产品。

广东机械工业行业及家电业的工业总量及产品出口量一直居全国领先地位。其中,机械工业行业生产增长效益提高,海外市场进一步扩大,新产品开发步伐加快,一批重点企业经济效益明显提高。

而广东的家电业产品门类品种齐全,生产配套发达,产品质量优异,新产品开发活跃,生产、出口、竞争力持续占全国领先地位,是中国也是全球重要的家电出口基地。广东的家电业产业集群成熟,培育出了一批核心企业和享有盛誉的著名品牌。如空调业的格力、美的;冰箱业的科龙;微波炉业的格兰仕;彩电业的TCL、康佳等。珠三角一带已形成各具特点的家电产业群及出口加工区。

(7)汽车业

广东汽车整车的工业增加值、工业利润、销售收入等有关汽车工业综合经济指标排在全国行业前列。近几年,广东省致力创造良好的投资环境,扩大吸引外资调整汽车产业结构,汽车生产规模不断扩大,生产能力得到有效提升。本田、五十铃、日产、丰田等国外著名汽车厂商相继落户广东。

广东已成为华南地区最大的汽车生产基地,至2004年广东省拥有汽车企业432家,年汽车产销量达约29万/辆,摩托车产销量约370万/辆。行业实现工业总产值712亿元。已形成以广州为制造中心,轿车为重点,零部件为基础,客车及改装专用车为辅的汽车工业生产格局,以及具有较强产品开发能力和出口竞争力的摩托车产业群。广东的高档轿车已具有很强的市场竞争能力。

随着汽车业的发展，一大批零部件配套供应商随之聚集广东。珠三角地区已成为汽车工业产业集聚地，已经形成广州经济技术开发区、广州南沙开发区、花都等多个大型汽车零部件配套基地。

(8)石油化工工业

广东的石油化工总量规模排在全国前列。主要产品如原油加工、汽煤柴三大类成品油、乙烯、合成树脂、涂料、胶鞋等产量均排在全国前三名之列。2004 年，广东石油化工行业继续保持稳定增长。

广东省石油化学工业主要集中在茂名、广州、惠州和湛江。茂名石化、广州石化和湛江东兴是广东省三大骨干炼油企业，前两家也是广东省著名的两家乙烯生产企业。2005 年，惠州炼油 1 200 万 t/年，乙烯 80 万 t/年生产量项目建成投产后，成为继茂名和广州之后的广东第三大炼油化工中心。

中国石化、中国石油和中国海油三大石油公司都已将广东作为其业务发展的战略布局重点，这将是广东省发展上游炼油产业，并带动下游石化产业发展的极好机遇。

(9)食品饮料业

广东是我国食品饮料工业的生产大省和出口大省。广东食品工业重视技术改造和引进、消化、吸收外国先进技术，为食品工业提高水平、保证质量提供了可靠的基础。某些行业和产品如饮料、焙烤食品、保健品和调味品等一直保持着全国领先地位，具有明显的优势，形成了一大批名牌产品。

2004 年，广东食品行业累计实现工业总产值 1 650 亿元，占全省工业总产值的 1/9，同比增长 25%；餐饮业实现 1 000 亿元的营业收入，增长 15%，食品饮料工业已成为广东省名副其实的支柱产业之一。

(10)建材业

广东是我国的建材生产大省,产业规模全国最大,经济总量居全国之首。广东省建材工业已发展成为门类比较齐全、产品配套能力较强并有相当规模和水平的重要产业。

广东建材形成了一批各具特色、在国内外有一定影响的产品,如佛山陶瓷、佛山(顺德)建筑涂料、佛山(大沥)铝型材、潮州卫生洁具、云浮石材、江门(开平)水暖卫浴等。广东建材品种丰富,新产品开发速度快,特别是在饰材方面,处于全国领先地位,非常有利于产业竞争力的提高。

广东建材企业的民营化、市场化程度较高,外向型经济进一步发展,出口贸易活跃,建材出口量占全国出口总额30%以上,居全国第一。优势产品建筑陶瓷的出口额近几年年均增长速度达70%以上。12个中国陶瓷名牌企业中广东就占了8个,名牌陶瓷企业在市场开拓能力、市场占有率等方面均有较大优势。

(11)医药工业

广东是医药大省,整体实力位居全国前列。中药、化学药物制剂、生物制药产品领域在全国处于领先地位。医疗器械在一些技术含量较高的产品领域已形成一定优势。2004年广东医药工业的销售收入和利润总量居全国前列,医药制造业的增加值增幅为3.7%。

广东省医药产业的集中度高于全国平均水平,具有市场规模优势,产业内部集中度不断提高,产业结构处于优化过程,已初步形成化学制药、中药、生物制药、医疗器械、医药商业等比较完整的医药产业体系,拥有一批综合性大型医药企业。它们在我国的医药经济中发挥着举足轻重的作用。

广东省在化学药物制剂领域也取得了巨大发展。在新型化学药物制剂开发和市场营销方面,已经具有较强竞争力,整体实力处于全国领先水平。深圳科兴、康泰、广州天普生化等生物制药企业和安科、迈瑞等医疗器械企业在各自领域内具有较强市场竞争力。

1.3 珠三角地区各主要城市经济特征及产业发展方向

随着世界制造业的两次转移，珠三角的一些城市以加工贸易为切入点积极参与国际分工，以经济国际化带动农村工业化和城市化，建设国际加工制造业基地，并迅速形成自己特色，使区域的产业链不断升级，进而逐渐融入世界经济一体化之中。例如，东莞市的电子信息零部件制造业规模大，市场占有率高，甚至可以影响世界电子零部件的市场价格；佛山市的家用电器制造业、建筑陶瓷制造业也占据世界市场相当大的份额；惠州市依托 TCL、麦科特、德赛等大型企业集团以及中海壳牌石化项目的作用，打造世界级企业“航母”，建设全国乃至世界重要的彩电、照相机、电池、电话等电子信息产品制造业以及石化产业基地；中山市则以特色产业和高新技术产业相结合，既有服装、家具、灯饰等劳动密集型产业，也有以电子信息为主的知识密集型产业；珠海市凭借其优美的自然环境、优良的创业环境，致力于建设以信息技术为龙头的高新技术产业基地、有较强吸引力的产学研基地和高附加值的产品出口创汇基地；江门市的纺织化纤业是目前全国最大的生产基地，摩托车零部件制造、批发零售和装配也形成了产业链，具有相当的市场竞争力；肇庆市充分发挥其比较优势，积极参与区域经济分工，大力发展旅游业，建设全国优秀旅游城市。各城市主要产业分布如图 1-8 所示。

1.3.1 广州

广州位于广东中南部，珠江三角洲的北端，濒临南海，毗邻香港和澳门，中国第三大河流珠江穿城而过，素有中国“南大门”之称。作为华南地区的经济中心、商贸中心、金融中心，广州是珠三

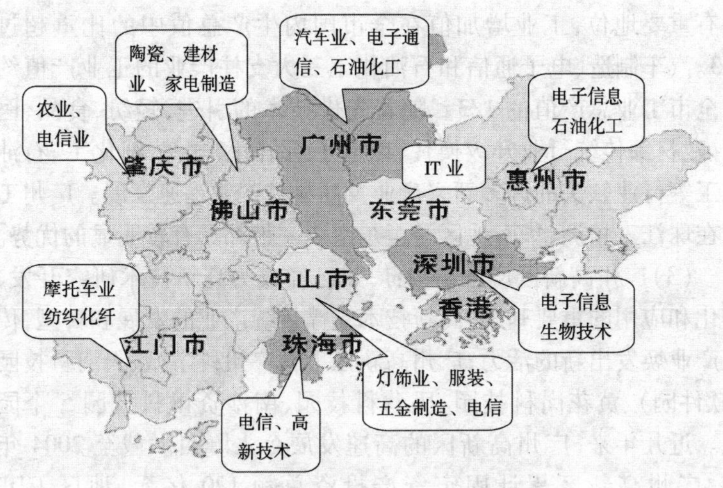

图 1-8 珠三角地区各城市主要产业分布图

角经济圈的重要核心城市。

(1)经济概况：改革开放以来，广州经济建设取得了显著成绩。2004 年，广州 GDP 突破 4 000 亿元大关，达到 4 115.8 亿元，比 2003 年增长 15%。其中，第一产业增加值 115.5 亿元，增长 5.4%；第二产业增加值 1 817.71 亿元，增长 17.2%；第三产业增加值 2 182.6 亿元，增长 13.8%。三种产业的比重为 2.81:44.16:53.03。全年人均 GDP 为 5.63 万元，增长 13.7%，综合经济实力居全国前列。广州经济发展最突出的特点是包括商业、旅游业、餐饮业和信息、金融、房地产服务业等在内的第三产业十分发达。广州已成为工业基础较雄厚、第三产业发达、国民经济综合协调发展的中心城市。

(2)主要产业特征：广州是全国重要的工业基地、华南地区的综合性工业制造中心，多年的发展已形成了门类齐全、轻工业较为发达、重工业有一定基础、综合配套能力、科研技术能力和产品开发能力较强的外向型现代工业体系。广州工业在全市国民经济中占有重要地位，工业增加值在全市国内生产总值中的比重超过1/3。汽车制造、电子通信和石油化工三大支柱产业的工业产值约占全市工业总产值的1/3。随着先进技术的引进，轻纺、食品、医药、建材等传统行业升级换代，以电子通信、家电、精细化工、石油化工等行业领头的许多新兴产业及高科技产业迅速发展。广州工业在珠江三角洲、华南地区乃至东南亚一带都具有较明显的优势。

(3)广州高新区产业结构：广州已经成为高新技术研究开发、孵化和应用的重要基地；高新技术支撑传统产业的发展和转型，传统产业焕发出新的活力；广州高新区下辖广州科学城、天河科技园(软件园)、黄花岗科技园、民营科技园、南沙资讯科技园5个园区。近几年来，广州高新区的高速发展令人瞩目。截至2004年底，广州高新区累计固定资产投资总额120亿元，地区GDP 626.72亿元，营业总收入2 551.87亿元，工业总产值1 672.57亿元，工业增长速度高达33.42%。广州高新区已经成为广州市发展高新技术产业的龙头，并跻身国家级高新区前列。

1.3.2 深圳

深圳地处广东省南部沿海，东临大鹏湾，西连珠江口，南与香港新界接壤，北靠东莞、惠州两市，是中国改革开放以来经济增长最快和最有活力的城市和主要进出口岸之一。

(1)经济概况：深圳国民经济持续快速增长，经济增长由二、三产业共同推进，以高新技术为主导的工业发挥了龙头作用。以物流、信息、金融为主题的现代服务业蓬勃发展，商贸旅游业、房地产业也在经济活动中占据重要份额。2004年，深圳国民经济持续快速发展，全市GDP3,422.80亿元，比2003年增长17.3%(表1-4)，仅高新区的年产值就已经突破了1,000亿元。其中，第一产业产值14.18亿元，降低19.8%；第二产业产值2 108.14亿元，增长21.3%；第三产业产值1,300.48亿元，增长11.3%。人均GDP

59 271 元，增长 7.8%。

2003-2004 年深圳市 GDP 数据统计表 表 1-4

指　标	计算单位	计算单位	2004 年	04 年比 03 年增减%
本市生产总值	亿元	2 895.41	3 422.80	17.3
第一产业	亿元	16.47	14.18	-19.8
第二产业	亿元	1 723.66	2 108.14	21.3
第三产业	亿元	1 155.28	1 300.48	11.3
人均 GDP	元/人	54 545	59 271	7.8

（2）主要产业特征：深圳基本建成"以高新技术产业、先进制造业为基础，以现代服务业为支撑的适应现代化中心城市功能"的新型产业体系。深圳高新技术园区是珠江三角洲最为成功的高新园区，高新技术产业已成为其支柱产业；高新技术产业成为第一经济增长点，全市高新技术产品产值从 1995 年的 225.8 亿元增加到 2002 年的 1 710 亿元，比上年增长 29.4%。高新技术产品产值占全市工业总产值的比重由 1995 年的 20.5% 提高到 2002 年的 47.88%。以电子信息、生物技术、新材料为第二产业的支柱产业。2002 年电子及通信设备制造业产值达到 2 011.90 亿元，比 2001 年增长 34.6%，占工业总产值的比重由 2001 年的 50.9% 提高到 56.3%。以金融保险、商贸旅游、现代物流业为第三产业的支柱产业。

（3）深圳高新区产业结构：深圳高新区重点发展电子信息、生物工程、新材料和光机电一体化等四大产业，其中以电子信息产业为龙头，加大科技创新、提高自主知识产权的高新技术份额为方向。2000 年高新区电子信息产品产值占高新区工业总产值的 90%，具有自主知识产权产值达 225 亿，占高新区工业总产值的 50%，已形成了以国内外著名品牌为代表的电脑整机和配件产业群；以程控交换机、移动通信为龙头的通信产业群；以财务管理、网络产品为主的软件产业群。

1.3.3 中山

中山是广东省辖地级市，下设24个镇区，位于珠江三角洲中南部，北连广州，毗邻港澳，是我国经济发展最快的沿海城市之一。

(1)经济概况：近年，中山经济增长快速，高新技术产业发展迅猛。2004年全市实现国内GDP610.14亿元，工业总产值2 004.4亿元。中山经济的快速发展，也得益于大力引进外资和开展对外贸易。到2004年底，全市共批准外商投资企业3 858家，“三来一补”企业1 700多家，累计实际利用外商直接投资65.1亿美元(新口径)，全球500强有20多家已在中山投资。2004年全市外贸进出口总额156.2亿美元，其中出口总值99.9亿美元，增长21.1%。

(2)主要产业特征：中山的工业生产保持快速增长势头，增幅连续三年位居珠三角首位，并已基本形成了东部高新技术、北部传统优势或特色工业、南部出口加工工业的布局。2004年，全市工业增加值371.99亿元，增长24.1%，其工业对GDP增长的贡献率达76.5%，拉动经济增长14.3个百分点。其中，高新技术企业产值占全市工业总产值比重达22.3%，五大支柱产业共完成工业总产值956.45亿元，增长29.5%，增幅比全市平均水平高1.7个百分点。

(3)中山火炬高新区产业结构：火炬区里依据产业归类，兴建了五大工业园区，各个园区内产业集中度高，而且整体规模宏大、企业间优势互补明显。在包装印刷园区内的中国包装印刷基地，集聚了20多家骨干包装印刷企业，这个企业群体的固定资产已达到了12亿元，产值在20亿元以上；2005年，产值估计会超过50亿元。国家健康科技产业园也是医药企业林立，已经建成投产的规模企业有20多家。如今火炬区内逐渐形成了电子信息、新材料、新能源、光机电一体化、生物医药技术、化工、现代包装印刷等七大产业群,由此产生的“聚集效应”,使国内的科研成果和国际资本得到较好结合。

1.3.4 佛山

佛山位于广东中南部、珠三角腹地,东连广州,南邻港澳,曾为我国南方最大的商品集散中心,被列为全国“四大聚”之一,是广东第三大城市。

(1)经济概况:近年来,佛山经济发展速度及经济实力居广东省乃至中国前列。2004 年,佛山国民经济持续快速发展,全市 GDP 1 653.70 亿元,比 2003 年增长 16.3%。其中,第一产业增加值 82.31 亿元,与 2003 年持平;第二产业增加值 959.15 亿元,增长 20.9%;第三产业增加值 612.24 亿元,增长 11.9%。一、二、三产业的比重为 5:58:37。人均 GDP 47 500 元、折合 5 739 美元(按户籍人口计算),增长 14.5%。

(2)主要产业特征:佛山工业基础雄厚,已形成以纺织、电子、塑料、陶瓷、电器、食品、建材、机械等为骨干的支柱产业和以电子信息、智能绿色家电、数码光学、生物工程、新材料等为主导的高新技术产业群。照相机产量占全球 15%;建筑陶瓷产量占全国 54%;铝合金、不锈钢建材产量占全国 40%。

(3)佛山高新区产业结构:区内支柱产业和产业发展重点为电子与信息技术、电器、仪器仪表及医疗器械等光机电一体化技术,医药及生物技术,塑料及精细化工技术等。在全国 53 个国家高新技术产业开发区各项指标排序中,佛山高新区人均产值连续三年名列第三位,并有两家企业被列入“全国百强高新技术企业”。

1.3.5 珠海

珠海位于广东省珠江口的西南部,是联系内地与香港、澳门和台湾,以及对外贸易、国际交往的一个重要口岸。珠海是发展以信息技术产业为龙头的高新技术产业基地。

(1)经济概况:珠海已建立起以工业为主,各业协调发展的外向型经济格局。2004年,全市实现地区GDP 546.28亿元,比2003年增长13.8%。按常住人口计算,人均GDP为4.18万元,按当年平均汇率折算,约合5 056美元。产业结构继续向二、三产业并重,一、二、三产业发展的共同方向调整优化。全年第一产业实现增加值18.63亿元,增长3.6%;第二产业增加值311.44亿元,增长15.1%;第三产业增加值216.20亿元,增长12.7%。第一、二、三产业增加值比例由上年的3.8:56.4:39.8调整为3.4:57:39.6,其中第二产业比重上升0.6个百分点。三次产业对经济增长的贡献率分别为1%、63%和36%。

(2)主要产业特征:近年来,珠海正努力将工业结构进行调整,使得优势产业和优势企业得到发展壮大,工业重型化趋势明显。其工业发展的五个重点产业是电子及通信设备制造业、计算机软件产业、生物、医药及医疗器械制造业、电气机械及器材制造业、石油化工产业。其中,珠海信息产业发展迅速,已经初步形成了具有一定规模、一定技术水平的软件产品开发、电子信息产品制造以及集成电路设计、生产、销售的产业体系。

(3)珠海高新区产业结构:珠海高新区重点扶持软件、生物制药、数据通信和网络技术产业,全面推动高新技术产业的发展。高新技术产业作为主要经济增长点和支柱产业的地位已经确立,在高速向上的发展曲线背后,一个以信息产业为龙头,以电子信息、生物技术及医药、光机电一体化和新材料等产业为主体的高新技术产业群落正在珠海形成。高新区自成立以来,在加快科技进步、提高技术创新能力方面已显示出勃勃生机。

1.3.6 惠州

惠州地处广东省东南部、珠江三角洲东北端,毗邻香港与深圳,素有“粤东门户”之称。惠州是广东重要的工业基地和旅游城市。

(1)经济概况:改革开放以来,惠州积极引进外资兴办外向型企业,开发浅海滩涂发展水产养殖业,开垦山地发展水果种植业,以市场为依托发展现代交通商贸业,促进国民经济持续快速健康发展,综合经济实力明显增强。另外,中国最大的中外合资项目——中海壳牌南海石化项目的落户建设极大推动了惠州产业结构调整升级和经济发展。从 GDP 看,惠州 2003 年人均国内 GDP 为 20 758 元,折合 2 537 美元,处在工业化初期向中期的过渡阶段。2003 年,惠州产业结构中第一、第二、第三产业比例 12.4:58.8:28.8,全市已从农业经济转换到工业经济状态,第二产业在国民经济中的比重最大,对全市经济增长的贡献突出。

(2)主要产业特征:惠州工业生产快速增长,初步建立起以电子、机械、建材、服装、制鞋为重点,面向国内外市场的外向型工业格局。其投资环境不断优化,对外开放水平明显提高,已与 10 多个国家和地区建立了经济技术合作关系。2000 年实际利用外资 1.46 美元,实现外贸出口总值 2.6 亿美元。

惠州已成为中国乃至亚洲重要的电子信息产业制造基地,拥有电子信息类企业 1000 多家,电子信息工业产值占工业总产值近半,年产 VCD、CD 机芯、激光头均占世界总量 36% 以上。

(3)惠州仲恺高新区产业结构:1999 年,高新区实现工业总产值 105 亿元,其中高新技术企业产值 86.8 亿元。该区以电子信息、生物工程、新材料技术和光机电一体化等高新技术产业为主要发展方向,力争把高新区办成惠州高新技术产业基地和先行区。

1.3.7 东莞

东莞位于珠三角地区,地处广州 - 深圳 - 香港经济走廊中部。既是千年古邑,又是 IT 新都,国际制造业名城。

(1)经济概况:东莞大力发展外向型经济,已形成以制造业为主,以电子信息产业为支柱的外向型经济结构,成为国际性加工制造基地和外贸出口基地。2004年,全市GDP达1 155.3亿元,比2003年增长19.6%,其中第一产业增加值27.7亿元,同比下降9.6%;第二产业增加值640.6亿元,同比增长24.5%;第三产业增加值487亿元,同比增长14.8%。全市综合实力跃居全国地级市第一位。

(3)主要产业特征:东莞的支柱产业为计算机信息产业。全市拥有计算机信息产品加工企业3 000多家;计算机整机零部件配套率达95%。东莞加工生产的计算机磁头、计算机主机板、计算机显示器、电源供应器、扫描仪、计算机驱动器、微型马达等产品产量均居世界前列,已成为全球主要计算机制造商的零部件采购基地之一。

工业一直是东莞的“经济命脉”。东莞具有加工各种类型和层次产品的强大生产能力,加工品种达数万种,并形成了以电子、机械、服装、食品、塑料、化工、医药、建材等行业为支柱的现代化工业体系。2004年,全市完成工业总产值达3 065.88亿元,对GDP增长贡献率近70%,拉动经济增长13.7%个百分点。其中,规模以上工业总产值达2 583.22亿元,同比增长24.3%,同时支柱产业的带动作用,尤其是电子信息产业的龙头作用突出。

(3)东莞高新区产业结构

1999年高新区工业总产值123亿元,高新技术产品产值115亿元,出口创汇2.4亿美元。一大批国际著名企业如芬兰“诺基亚”、美国“金霸王”、德国“海金杜门”、日本“百利达”等已进入开发区,一个高新技术产业密集,环境幽雅的科技园区正在逐步形成。

1.3.8 江门

江门市位于广东省中南部,珠江三角洲西侧。江门是广东的加工贸易的基地和对外贸易的重要口岸之一。

(1)经济概况:近年,江门经济迅速发展,已跻身全国城市综合实力50强。2004年,全市完成GDP 834.56亿元,比上年增长12.2%;地方财政一般预算收入28.94亿元,增长18.41%;工业总产值突破1700亿元,工业增加值增长17%;固定资产投资完成197.88亿元,增长22.82%;全社会消费品零售总额达311.57亿元,增长12.1%,经济总量位居全省前列。

(2)主要产业特征:近年来,江门市着力扶持鼓励摩托车行业发展,由于具有极强的产业配套能力和优越的港口条件,重庆等地的一些知名摩托车企业都纷纷到江门设立出口基地。同时,该市的摩托车企业也主动到国外开展境外加工贸易,实行跨国经营。目前,全市拥有11家摩托车生产目录企业及其他100多家摩托车配套企业。2004年,全市摩托车产量达87万辆,总产值为50亿元,居广东省第一位;原产于江门的摩托车及零配件出口达7 674万美元,同比增长2.1倍,居省内第一、全国前列。另据海关统计,2004年江门出口摩托车87 815辆,出口创汇3 679万美元,比2003年分别增长203%和202%,龙头企业"中裕"和"大长江"的摩托车出口额分别列省内第一位和第二位。

(3)江门高新区产业结构:目前,江门拥有高新技术产业开发区、银洲湖开发区等多个大型工业园区;获得"中国摩托车产业示范基地"等9个国家级产业基地称号;有"金羚"牌洗衣机等6个中国名牌产品。

2004年,江门高新技术产业呈现快速发展的良好势头。其中,机电、纺织服装、食品、造纸及纸制品、电子信息、建材等六大制造业发展快速,2004年共实现产值占全市规模以上工业总产值的72.8%。

1.3.9 肇庆

肇庆位于广东省的中西部,居西江中游,北回归线横贯其境,素有“西江明珠”之称。

(1)经济概况:近年来,肇庆国民经济增长加快,三次产业结构不断调整优化。2004 年,全市生产总值 548.51 亿元,比 2003 年增长 13.2%。其中,第一产业增加值 151.04 亿元,增长 5.7%;第二产业增加值 195.51 亿元,增长 18.6%;第三产业增加值 201.96亿元,增长 13.7%。在工业经济中,全市规模以上工业企业累计完成总产值538.47 亿元,比2003 年同期增长 19.5%;实现工业增加值 128.07 亿元,同比增长 19.4%;工业经济效益综合指数 133.89,同比提高 10.1 个百分点。

(2)主要产业特征:作为一个从传统农业大市向工业城市和旅游城市迈进的地区,肇庆经过改革开放 20 多年来的努力,已形成了自身较为扎实的产业体系,显示出强劲的发展态势。

第一产业:传统粗放型农业向集约化、农工贸一体化迈进。政府大力扶持高产、高质、高效“三高”农业和出口创汇农业,利用国内的各种资金渠道,发展了一批禽畜生产基地、水产品生产基地、蚕桑基地、优质水果基地、蔬菜基地、茶叶基地和南药基地。

第二产业:快速促农业大市迈向新兴的工业城市。目前,肇庆工业已拥有全国 40 个生产行业中的 37 个,初步形成了门类比较齐全的电子元器件和电子信息设备制造业、微生物工程和制药、食品、饮料、汽车配件、纺织服装、林产化工、建筑材料等一批支柱产业,涌现了一批全国知名企业,创出了 64 个广东省名牌产品和优质产品。

第三产业:以旅游为龙头的第三产业蓬勃发展。旅游景区的不断建设和旅游网络的形成,以及优良的生态环境,每年前来肇庆观光度假的游客已超过 400 万人次,带动了肇庆衣、食、住、行各行业的迅速发展。

(3)肇庆高新区产业结构:肇庆高新区以电子信息、生物工程、新材料、光机电一体化、轻纺高技术五大领域为重点。进入 21

世纪,随着信息技术和生物技术的蓬勃发展,肇庆高新区准备在原有国家级新型电子元器件和国家级生物发酵工程系列产品两大基地的基础上,建设风华信息产业园和星湖生物工程园,重点研究开发超大规模集成电路和生物基因芯片,逐步形成一区两园或一区多园的格局。

1.4 结论

珠三角地区整体经济实力长期保持持续快速增长,是世界经济增长最快的地区之一,且产业结构不断优化,各产业发展齐头并进,工业化、市场化和国际化程度高。同时,珠三角也是中国城市化和信息化水平最高的地区之一。这些都将为物流园区的建设和发展提供强有力的社会经济基础和市场前景。

第2章 珠三角物流及物流园区

2.1 物流与物流园区

2.1.1 物流与物流业

物流即指社会物质在一定的劳动组织条件下,凭借载体,从供应方向需求方的定向移动过程,是以商品的运输、发送、保管、装卸、包装等为中心的商品时空性转移的各种活动。物流科学产生的基础就是发现了各物流环节之间存在的相互制约,相互依赖的关系,证明它们作为一个系统而存在,因此,对现代物流的研究即把物流的各个环节(子系统)联系起来看成一个物流大系统进行整体设计和管理,以最佳的结构、最好的配合,充分发挥其系统功能和效率,提高物流的整体经济效益。在现代社会经济中传统的运输、仓储业已经由追求服务的安全、切实、迅速、经济向追求物流系统的综合治理,提高物流系统的整体经济效益方向发展。物流实物分销的观念也向后勤保障即综合物流的观念转变,综合物流强调以最终消费者的需求出发,全面策划产品创意、功能组合、工艺特点、生产布局、物流战略等从产品创意开始直到最终消费者的全部生产与流通过程,是以满足最终消费者的需求为目的的,强调对生产过程与流通过程的综合管理以取得最优的经济效益和社会效益。

物流是以商品的运输、发送、包管、装卸、包装等为中心的商品时空性转移的各种活动。现代物流科学是现代技术科学和现代经济科学的结合,它是对资源配置学、仓储学、流通学、运输学及至营销学、产品学、系统科学和计算机信息处理、自动控制等学科与技术的全面融会,现代经济社会造就了参差交错、纵横贯通的物的运动网络,这一运动网络贯穿于经济社会的各个机体之中,并依靠现代物流科学与技术,在经济社会的机体中良性循环。

物流业是指以物流活动为其基本业务活动的企业组成的行业群体。物流业的主要特点是以从事物流活动为社会提供服务,通过服务来提高物的附加价值,这个附加价值的形成是物流活动过程中投入的活劳动与物化劳动转化而成,因此,物流业属于第三产业。社会物流活动主要存在于两个方面,一是专门从事物流活动的专业物流企业,常称"第三方物流"企业,构成物流行业的基本企业群;另一种是其他类型的企业中从事物流活动的业务机构,主要承担企业内部的物流活动,是企业的一个组成部分。

物流企业是指专门从事物流活动并提供物流服务的企业。物流企业的经营活动,是利用自有物流设施、人员和专业知识应他人的要求完成物流活动的经营行为。物流企业是社会化分工的产物,是现代物流发展的趋势,随着现代经济社会的发展,生产力水平的不断提高,社会对物流服务的要求越来越高。在经济较发达地区,物流企业年承担的物流活动,一般占到社会全部物流活动的40% ~50%。物流企业经常会以实际物流企业和物流代理业的组织形式出现。实际物流企业指利用自有的物流设施如仓库、码头、专用铁路线、运输车辆、船舶、装运机械等为他人(货主或物流代理人)提供物流服务的企业。如:代理仓储、保管、运输等。物流代理业是指根据货主的要求,利用他人的物流设施和装备,代替货主完成物流全过程业务的企业,这种企业体现了现代物流观念的系统性和过程性,是典型的观念型物流企业。从某种意义上说,物流园区就是这些物流企业,或以物流活动为主要特征的企业集结而成的地理或空间区域,并通过政府规划和引导、资源的整合、基础设施的建设、政策的导向和宏观调控,使这一区域具有一定的社会物流功能。

企业物流管理是指生产制造业等非物流企业对本企业自有设备、人员和原材料、产成品进行综合协调与管理,完成本企业内部的物流活动。企业物流管理活动在社会总物流活动中占有较大比重:制造业以原材料的采购、进货控制、到半成品、在制品的管理、成品的出库及企业内部库存管理、仓储组织、自有设备的管理。商贸业以货源组织,商品储存和养护直到销售给顾客及商品中的存货控制等均属企业物流管理的范畴。在发达国家,许多大企业都拥有自己的物流子公司,不仅加强对本企业的物流管理,更将企业物流战略,提高到在竞争中决定企业生存和发展的高度。

2.1.2 物流园区及其作用

物流园区是指由分布相对集中的多个物流组织设施和不同的专业化物流企业构成,具有产业组织、经济运行等物流组织功能的规模化、功能化物流组织区域。其功能除了一般的仓储、运输、加工(工业加工和流通加工)、配载等功能外,还具有与之配套的信息、咨询、维修、综合服务等服务项目。物流园区将众多物流企业聚集在一起,实行专业化和规模化经营,使物流企业发挥整体优势,促进物流技术和服务水平的提高,共享相关设施,降低运营成本,提高规模经济效益。物流园区与工业园区、科技园区一样具有产业一致性或相关性。物流园区对物流产业发展的推动作用主要体现在:

(1)通过产业聚集功能整合物流资源

物流园区通过整合物流资源促进现代物流业的形成,提高物流社会化程度,为企业优化物流系统提供市场环境,一方面综合利用物流基础设施,整合物流基础资源;另一方面将提供各种不同特色、具备不同功能优势的物流企业聚集在一起,整合各企业物流资源。20世纪70年代开始，日本在一些重要节点城市周围建立集运输、仓储、市场、信息、管理等功能的物流园区，园区规划充分利用土地优势和交通优势，集中社会物流资源，园区内企业专业化分工非常明确，突出专业服务特色，各企业之间因为专业分工细化，有效降低了运作成本，服务的规范性增强，提高了园区内企业的市场竞争力。通过园区的集聚效应扩大了企业的商圈，增加了交易的机会。通过物流园区将零散的资源进行优化整合，将产业发展链条中的采购、供应、会展、销售、客户服务以及交易结算、物流、信息反馈等各项功能集中在一起，充分发挥其经济集聚作用，降低流通成本，提高经营效率，不仅使本企业的综合竞争力得以提升，还能够带动产业链条上的相关企业，降低成本，提高竞争力。

(2)利用多种社会优势推动物流产业发展

①政策优势。从目前各国物流园区的建设来看，德国、日本等都由政府进行统一规划，筹集资金，以政府投资为主，采用信用贷款和企业投资为补充来建设物流园区；另一种情况如保税物流园区是在政府给予各种方便政策的前提下建设起来的。实际上物流园区的建设和发展从一定角度来说就是利用政府的这些政策优势来推动物流业的发展。物流园区通过政府出资进行物流基础设施建设，减轻了物流企业发展的前期投入成本，从而促进物流企业将更多的资金投入到核心能力和物流服务的开发之中，在高质量的服务或从政府给予园区的相关政策中获得竞争优势。

②技术优势。通过园区内先进物流企业带来的最新物流设备和技术，以及先进的管理经验和管理思想，通过技术交流和传播带动园区技术水平的提升；园区还可以通过引入国家标准，建立公共信息平台等方式，提高物流服务的技术含量，推动物流产业的发展。

③人才优势。在提供系统化服务的物流园区内，可以引入物流专业教育和物流研究部门，以园区企业为依托，建立物流人才培

养基地,一方面为园区内企业输送合格的人才;另一方面园区也可以为教育和科研提供实践的平台,如设于苏州工业园区的"苏州工业园职业技术学院",专业设置主要针对园区企业发展对人才的需要,采取订单式培养,教学过程充分利用园区企业作为实践平台,产学研紧密结合,相互促进,为园区以致整个产业的发展培养实用型人才。

2.2 珠三角经济与物流业发展的关系

2.2.1 经济的快速发展为物流业带来了商机

从全球经济发展的格局来看,中国已经成为世界性的制造中心、采购中心和亚太地区的分销中心,珠三角是国内发展最快的地区之一,经济发展保持旺盛活力,增长速度继续处于全国前列。广州、深圳两市国民经济增幅在国内京、津、沪、渝和武汉、南京、哈尔滨、西安等大城市中位居前列;东莞、中山、惠州等市增幅也明显高于全省平均水平。2002 年广东经济总量仍居全国首位,国内生产总值达 11 674 亿元,增长 10.8%,增幅比上年提高 1.2%。全年外贸出口总额 1 184.7 亿美元,比上年增长 24.2%,进口总额 1 026.4亿美元,增长 26.6%,增幅分别提高 20.4 和 22.9%。

珠三角世界制造基地的形成带动巨大的物流需求。珠三角区域既有原材料产地,又有加工基地,广东制造业的 80% 集中在珠江三角洲地区。珠三角已形成了服装、玩具、家用电器等生活消费品以及电子产品、生物制药等高新技术产品庞大的生产网络,东莞拥有全球 70% 的资讯科技制造业,顺德生产的微波炉占全球的三分之一,是中国名副其实的生产制造基地,世界上的头号买家沃尔玛,将 80% 的订单抛向了珠三角,仅东莞一地的采购额就超过了 20 多亿美元,占到其全年中国采购额的 20%。包括

IT产品，家电、服装、食品、日化产品等，珠三角制造业门类之齐全，产量之惊人，在国内首屈一指。发达的制造业为物流业的发展打下了基础。

中小企业物流需求迫切。珠江三角洲地区以中小企业为多，这些中小企业的经济成分呈现出多样性的特点，非公有制企业占有很大比重。在激烈的市场竞争中，这些企业受生产规模的局限，难以获得良好的规模效益，因此降低生产成本的愿望异常迫切。而他们的多物流以分散自营为主，外包潜力很大，专业化物流需求非常迫切。

三资企业物流需求潜力巨大。珠三角地区是中国最大的加工出口及“三资”企业基地，其电子、医药、建材的产值已居全国之首，纺织业居全国第二，家用电器产量约占全国的1/4。从中国的实际情况来看，大多数大型跨国公司等“三资”企业都实行“本土化”战略，即尽量利用当地的各种资源，而把资金和精力用于发展其核心业务上。在物流服务方面，“三资”企业同样实行“物流本土化”战略，尽量利用中国的物流服务资源。“三资”企业由于其企业背景，常常在全球范围内进行原材料的采购和产成品的销售，对现代物流理论的认识较国内企业要深，对现代物流服务的需求更为迫切，因此常常是形成国际物流的主体之一。

珠三角拥有优越的交通物流中心优势，机场、高速公路、铁路运输等海陆空全方位发展的立体化、国际化的现代交通网络为物流业的发展提供了基础保证：珠三角集中了五大港口和五大机场，中国交通大动脉的“五纵七横”有三纵（京广、京九、京珠）经过珠三角。同时，珠三角内部的高速交通网络在国内也首屈一指，广东省现有对外开放口岸达150个，一类口岸51个、进出口装卸和起运点99个；广东的公路通车里程、高速公路、铁路专用线长、港口吞吐量等均在全国排名第一或居前列，每年进出港澳的人数也是全国第一，物流、商流、资金流和人流资源充裕。

2.2.2 现代物流促进了珠三角经济的发展

物流产业是国民经济发展的动脉和基础产业,其发展程度成为衡量一国现代化程度和综合国力的重要标志之一,被喻为经济发展的加速器,对区域经济发展具有重要的促进作用。现代物流作为21世纪国民经济的基础性、支柱性和综合性产业,已经成为优化区域经济结构、促进其经济发展的重要动力。

发展现代物流有利于促进生产力发展。生产力越发展,专业分工越细,生产率提高,物流经营者能更专致于物流服务;使物流设备和技术、管理进步更快;使物流资源向专业化、规模化、合理化方向配置,形成集约化的物流经营,产生规模效益。美国物流业规模为9000亿美元,几乎是高技术产业的两倍,占美国国内GDP的10%以上;日本在近20年内,物流业每增长2.6个百分点,经济总量就增加1%;据统计数据,发达国家物流成本占GDP的比重为10%左右,而我国约为16.7%,这说明,我国物流成本的节约空间还非常大。因此,如果能够在物流合理化方面加以改进,将该比例降低一个百分点,我国每年就将直接节省约2400亿元的物流成本,为企业和社会带来极为可观的经济效益。

发展现代物流业有利于优化生产力布局和资源配置,促进经济结构调整。目前,我国地区产业结构雷同、重复建设严重,东部、中部、西部产业相近系数高达0.95左右。规模形不成,厂商生产和销售成本高,消费者购买价格高,可谓两者俱损。因此,各地区应依托资源优势从事生产和经营,形成区域间合理分工和协作,推动我国区域经济发展战略的实施,为贸易发展奠定交易基础。而地区分工造成的生产区域化与消费全球化矛盾则通过现代物流业得以解决。这样,不仅使各地区和企业避免不合理的重复建设以及由此造成的盲目竞争,取得较好的经济效益,也能使各地区的资源优势得到充分利用。

发展现代物流将推动第三产业发展,促进产业结构优化升级。现代物流作为一个新兴产业,正好属于需要大力发展的第三产业,成为第三产业的重要支柱。因此,发展现代物流业不仅可以提高第三产业在国民经济中的比重及地位。而且,发展现代物流业可以带动相关的批发零售业、餐饮业、房地产业、信息业的发展。这样既增加了第三产业的绝对数量,又提高了第三产业中高附加值行业的比重,从而优化区域产业结构,繁荣区域经济。此外,发展现代物流业也是创造再就业的有效途径。随着现代物流业的发展,劳动就业将出现新的格局。现代物流在我国刚刚起步,潜在需求巨大,相对传统的物流业,它属于产业的优化升级。现代经济发展对高质量、高效率物流服务的需求,将使传统物流业获得新的业务拓展领域,变单纯的仓储货运为现代物流,提高附加值,走出新路。

发展现代物流有利于改善投资环境,扩大招商引资。目前,经济发达国家,特别是美国、日本、欧洲、新加坡等国的投资者在选择投资区域时,把综合物流发展状况作为一个十分重要的考察条件,来判断项目投资的效益。例如,上海浦东刚建成就吸引了世界500强中的不少企业登陆,而当他们发现那里居然没有一个物流中心,不少企业憾然离去。面对这种情况,上海市相关部门组成了物流促进委员会开始着手建立物流中心改变其投资环境。

发展现代物流有利于基础设施的进一步发展和完善。公路、铁路、港口、航空等基础设施是现代物流业发展的重要条件,而物流业的发展又将推动这些基础设施的建设和功能的发挥。近年来,我国不少港口城市通过实施“以港立市”发展战略,城市交通运输建设步伐不断加快,海港、空港、高速公路、铁路等交通网络建设日益完善,为物流产业的发展提供了有利条件。同时,港口城市抓住有利时机,通过大力发展物流产业,进一步完善了城市交通网络建设,提高了城市基础设施水平,有利于城市的可持续性发展。

2.3 珠三角物流园区发展现状

2.3.1 发展概况

伴随着经济全球化的不断深入,现代物流理念迅速输入中国并冲击着企业供应链的每个环节,而珠江三角洲地区高度密集的企业生产群落、发达的交通体系、毗邻香港国际物流中心的独特地理位置、先进的信息技术产业等都给珠三角物流业的发展提供了产业基础,资料表明,目前中国第三方物流80%的收益来自长江三角洲和珠江三角洲地区。珠三角是中国经济最活跃的地区,珠三角因其优越的地理位置及独特的经济发展模式为物流业的发展带来了巨大的商机。物流园区作为物流体系的基础设施,是一项社会属性较强的公共设施,具有良好的社会效益、经济效益和环境效益。其中,经济效益表现为促进其所在城市乃至以城市为中心的区域经济的发展;环境效益表现为改善城市环境,促进城市的可持续发展。珠三角各级政府以及企业致力于物流园区的发展建设,截至目前,珠三角地区已经开工建设和正在规划的物流园区有三十多家,其分布如图2-1所示。

各城市规划的物流园区的具体情况如表2-1所示。

2.3.2 存在的主要问题

发达国家的经验表明,人均GDP达到600~2 000美元时,是加速城市化增长的阶段,也就是说,在这一阶段,城市功能增强,规模扩大,随之物流中心枢纽城市形成,物流产业迅速发展。目前我国经济发展正处于这一阶段。因此,我国城市型的物流园区已逐步成为物流产业新的增长点。近年,我国部分省市特别是珠三角

图 2-1　珠三角物流园区分布图

地区也开始规划和建设不同类型和功能的物流园区，如《深圳市“十五”及2015年现代物流业发展规划》明确提出了深圳市建设现代物流中心城市的总体思路和目标：依托综合运输基础设施及物流信息基础设施两大平台，面向国际、衔接香港、联系内地，以区域物流为基础，以国际物流为重点，以配送物流为支撑的区域性综合物流中心。并在全市范围内进行物流规划，重点规划建设机场航空、西部港区、盐田东部港区、笋岗－清水河、龙华、平湖六大物流园区；现代物流也成为广州市主要基础产业和重要支柱产业，规划建设的有南沙、新沙、花都等三大国际性枢纽物流园区等。但在园区的建设与发展中也存在一些问题：

珠三角地区物流园区一览表(含在建)　　表2-1

城市	物流园名称		位　置
广州	黄埔(国际枢纽)物流园区	新沙国际海运物流园	新沙港区和麻涌
		黄埔国际集装箱物流园	黄埔集装箱码头
		广州国际保税物流园	广州保税区
		国际物流园	广州公路主枢纽货运系统东部货运枢纽站
		黄埔国际海运物流园	黄埔港区
	南沙(国际枢纽)物流园区		南沙地区内,包括鸡抱沙、龙穴岛、沙围垦区,蕉门水道以西的新垦、万顷沙和围垦公司的部分地区,横沥海岛东部、灵山东南部以及珠江农场的部分地区,南沙石油油库
	广州空港(国际枢纽)物流园区		靠近新国际机场货运区附近的花都区
	芳村(综合)物流园区		广州市西部出入口地区的芳村区
	白云(综合)物流园区		广州市北部出入口地区的白云区
	增城(综合)物流园区		广州东部出入口地区的增城市
	番禺(综合)物流园区		番禺中部地区
	花都(综合)物流园区		花都军田和广州北站之间
深圳	西部港区物流园区		南油开发区妈湾片区260万m^2区域,位于妈湾大道、铲湾路和月亮湾大道形成的区域内
	笋岗——清水河物流园区		笋岗片区:泥岗路、红岭路、笋岗路和铁路围合的区域,清水河片区:南隔泥岗路与笋岗片区相对,北与二线关口和布吉镇相接。东西分别以布吉路、红岗路为界
	东部港区物流园区		盐田港区规划陆域用地中19、20号地块共20万m^2,三期工程完工后,通过开山填海将可形成一块近70万m^2的土地,可作为物流园区用地
	机场航空物流园		深圳宝安机场,总体规划占地面积为116万m^2
	龙华物流园区		龙华,占地面积67万m^2
	平湖物流园区		龙岗平湖,可控制用地16.5km^2,首期开发4.4km^2

续上表

城市	物流园名称	位　置
佛山	南海三山国际物流园区	南海三山港
	以禅城区为中心的物流产业带	以禅城区为中心，东北由敦厚向大沥、盐步、黄岐延伸，西南由石湾和南庄向乐从、龙江、沙头、西樵延伸
	顺德高新技术产业开发区物流中心	顺德容桂区
	三水工业园物流中心	三水工业园
	高明沧江工业园物流中心	高明沧江工业园
肇庆	肇庆（高要）现代农业综合物流园	肇庆市马列安镇
中山	国际物流园区	中山市火炬区
	产业配送型物流园区	中山市小榄镇
	城市配送型物流园区	中山市港口镇
江门	新会港物流仓储基地（园区）	江门新会港
	江门港物流仓储基地（园区）	江门江门港
	台山鱼塘港物流仓储基地（园区）	江门台山鱼塘港
惠州	惠州中港现代物流园	惠州市
东莞	常平大京九物流园区	常平镇东莞东站货场东端，紧邻大京九铁路最南端的东莞东站
	虎门港物流园区	东莞虎门港
	松山湖物流园区	东莞松山湖

（1）规划的局限性导致重复建设资源闲置

目前珠三角地区物流园区的建设一般由省市按照各自的辖区地域或以特定城市为单元进行规划，在规划中基本上只考虑了本地区资源的利用，没有充分考虑与相邻城市间的沟通与资源共享，也没有将特定园区的规划放在整个珠三角，以及大珠三角地区加以综合考虑。而物流园区规划和服务的范围是经济区域,不是行政区域,如果按照各自的辖区地域规划物流园区,就会出现重复建设、资源闲置的状况,因此园区规划必须站在系统化的角度,根据生产力的总体布局、各省市具体的地理位置、全国交通枢纽布局、主要运输干道布局、相关城市的功能定位、经济发展情况等统筹规划物流园区。

同时园区的规划还必须与国民经济规划、行业发展规划、城市总体规划、土地利用规划等相关规划的衔接与整体协调。由于目前我国的物流管理体制部门分割、地区分割严重,在整合资源、进行物流结点重新分布时给难以整合的物流园区规划带来了更大的难度。如公路交通部门规划有自己的货运枢纽和物流中心,铁路部门有自己的货运场站,水运也有其相应的港口、码头,甚至各类商贸企业也建设和发展自己的批发和物流设施,虽然建立了以港口、铁路货运枢纽为中心的物流园区,但由于和物流园区相辅助的物流中心、配送中心等物流节点配套使用,使得物流园区很难在全局上有很大的作用。如在珠三角地区目前完成规划并开始建设的海港型物流园区就有 10 多个,各个地区都在尽力挖掘海洋资源,大规模的进行码头建设,不惜投入巨资加快珠三角地区港口码头的建设,并且在此基础上规划物流园区,为港口物流的发展以及地方经济快速发展提供保障。比如、深圳规划了西部港区物流园区、东部盐田物流园区,广州建立了黄埔和南沙国际枢纽物流园区,还有佛山、东莞虎门、惠州、江门等港口物流园区。珠三角地区 7 个市就拥有近 30 个大型物流园区,这些物流园区的建设很大程度上是地方行政主导的产物,某些项目盲目追求大规模、大投资、高标准,使物流园区建设与本地经济发展水平脱节,造成物流园区大面积荒芜。

(2)园区内物流服务水平低导致供给和需求相互制约

目前国内物流企业的主要功能仍然集中在运输、仓储和配送等少数几个环节上，而且技术含量低，服务水平难以满足需求，低价比拼成为市场竞争方式的主体，能够在物流园区平台上运行的企业还不多，很多物流企业没有动力也没有实力入驻物流园区，进入园区的企业也相当一部分仍然处于低水平的运作阶段。物流的需求和供给是相辅相成的，低水平的服务导致物流需求的不足，而需求的不足又会影响物流服务水平的提高；另外，我们缺少对园区经营管理的成功经验，在园区的建设中，政府较多地局限于对物流基础设施的发展问题进行规划，忽视了物流市场需求的培育和园区运作模式的研究，重规划轻管理，导致园区规划快，发展慢，整体效益低，甚至大规模空置，如深圳平湖物流园区，作为国内规划的首个物流园区，总规划可用面积为 $4km^2$，6 年来，尽管政府投入巨大，但至目前为止开发面积仍只有 $1km^2$ 多，而且已开发建设的项目空置率非常高。

如深圳笋岗－清水河物流园区，20 多年来实质上一直是一个仓库集中的地理区域，没有统一的园区管理机构和公共平台，物流基础设施非常落后，园区内道路等级低，交通问题严重。园区内主要建筑是以普通楼库为主的储存型仓库，仓库类型有冷库、干货库、粮油库、建材库、公共保税库、出口监管库、露天堆场、进出口货物接驳站等，从设施装备来看主要以机械化、半机械化为主，信息化程度很低；园区内企业类型主要有以仓储为主的第三方物流公司，批发配送一体的商贸企业，另有少量机械制造、电子、服装、印刷及汽车修理等企业，第三方物流企业大部分仍处于以仓库租赁经营为主的阶段，其中有 50% 的企业盈利水平较低，利润率在 10% 左右，由于仓储企业利润水平低，投资成本高，有些企业建成 20 年仍未收回投资，园区内企业之间的资源共享、功能集成化程度非常低。

(3)政府在园区建设中的定位不明确影响园区发展

①政府在物流园区的建设中主要起前期规划和后期调控作

用。园区内,政府引导支持园区的发展,物流企业负责具体的生产经营活动。但在实际运作中首先存在着政府规划目的不明确,园区建设存在一定的盲目性;园区建成后,政府对入驻企业的经营干涉太多,影响了企业的自主经营。

②企业对政府又具有很强的依赖性,甚至千方百计寻求政府直接投资。在一些由政府主导的园区项目中,政府动迁征地,七通一平,负债压力大,因此倾向于缩短投资回收期,从而提高了企业入驻的门槛,而政府如果将开发权放给开发商,开发商又往往通过转售土地,抬高价格盈利。

③物流园区的管理体制没有真正建立起来,使得一些开发商主要是以营利为目的。

在对物流企业"选择入驻物流园区原因"的调查中显示,企业希望入驻园区的主要原因集中在以下几方面:

①得到优惠的融资政策支持;

②得到税收减免支持并健全相关法规;

③得到土地政策方面的支持。

这些方面说明企业进入园区经营的主要目的是希望从公共政策中获益,并不是以市场前景和本身的经营特定为根本出发点,甚至有些企业进入园区的主要目的是希望从房地产经营中获益。因此政府在园区建设,以及物流需求市场的培育中究竟应该如何定位是一个需要探讨的问题。

2.4 结论

(1)珠三角经济与物流业的发展是一种相辅相成的作用。珠三角世界制造基地的形成带动了巨大的物流需求,为物流园区的形成和发展提供市场基础,也创造了物流园区发展的其他技术条件。而物流业作为国民经济发展的动脉和基础产业,其发展程度已经成为衡量一个地区现代化程度和综合实力的重要标志之一，物流业被喻为经济发展的加速器。

(2)物流园区是物流业发展到一定阶段的经济组织形式。通过物流园区的建设可以整合物流资源促进现代物流业的形成，提高物流社会化程度，带动产业链上相关企业，降低成本，提高竞争力。珠三角地区整体经济实力的增长和产业发展特征为物流园区的建设提供了基础，物流园区的建设也将有效地促进珠三角地区经济的发展。

(3)珠三角物流园区建设已经有了较大的发展，但还存在一些急需解决的问题。比较突出且急需研究和解决的问题有：

①规划的局限性导致重复建设资源闲置；

②园区内物流服务水平低导致供给和需求相互制约；

③政府在园区建设中的定位不明确影响园区发展。

第3章 珠三角物流园区的发展模式

3.1 物流园区的形成动力及模式

3.1.1 物流园区形成的动力

促进物流园区形成的因素主要来自四个方面:区域产业及经济发展状况、地理位置、交通网络、政策环境。这些因素作用的结果,形成三方面的动力:即:

(1)需求性动力——物流需求企业降低经营成本的要求是形成物流园区的需求性动力。

近年来,物流被称为是“降低成本的最后边界”,是继降低资源消耗、提高劳动生产率之后的“第三利润源泉”。据统计数据,近三年在发达国家物流成本一般占 GDP 的 10 %左右,而我国物流成本占 GDP 则高达 21 %。在如此高的物流成本下,生产型和销售型企业降低物流成本是降低经营成本,提高产品竞争力的关键,它们对降低物流成本的强烈要求不断促使这一地区物流企业运行模式的改进、技术水平的提升以及资源的有效整合。在这一过程中分散的物流设施开始相对集中,实力较强的物流企业不断地进行资源整合,实力较弱的物流企业围绕实力较强的物流企业开展业务,这就要求形成一个分工更细更明确,又能提供多种物流服务的完整功能的物流企业聚集地区。这股动力不断推动与物流相关的设施和企业不断的从仓库、配送中心、转运中心、运输枢纽朝前发展,最后形成资源集约化程度更高,功能更完善的物流园区。

这股动力的形成需要其辐射范围内区域产业经济相对发达，区域内企业发展较快，企业的数量和规模达到一定程度，只有一定数量、一定规模的企业的共同愿望和需求才能形成行业合力，从而构成需求性动力。

(2)适应性动力——物流提供企业降低自身的运营成本，提高服务质量是形成物流园区的适应性动力。

物流企业为了适应市场需要，不断降低运营成本，提高服务质量是形成物流园区的第二股动力。这股动力促使物流园区的形成主要体现在两个方面：一方面，物流行业的自身特点就决定了物流企业降低物流成本需要物流企业的聚集。由于物流服务是一项庞大的系统工程，它涉及地域广，设施设备多，因此物流服务不能单独靠某一家物流企业完成，而是需要多家物流上下游企业共同协作。分散的物流企业分布在不同的地点，导致了物流企业之间的信息传递不及时、不畅通，沟通效果差，引起货物的延迟或者误送，给物流企业增加额外的成本，而且增加了物流成本，因此物流行业需要物流企业之间的密切协作，从而降低物流成本，这就自然形成了物流企业自发的聚集；另一方面，物流业的发展促进物流业资源整合，从而促进物流园区的形成。随着国际间企业竞争的加剧，许多企业开始剥离非核心业务的产业，将物流业务委托给专业化的物流公司，物流需求和供应市场逐渐扩大，物流企业之间的竞争越来越激烈，物流企业之间的分工也开始细化，为了降低物流企业自身的运营成本，原来相互分割、缺乏合作的仓储、运输等物流企业开始进行整合，形成规模效应，不同物流服务功能的企业开始联合、聚集，构成了共同提供整体物流服务的强烈愿望。另外，这些物流企业之间利用现代信息技术来提高信息的共享度，为不同功能的物流企业之间的联系提供强有力的纽带。正是在这股动力作用之下，不同的物流企业走到一起，逐渐形成物流园区，让更多的进驻园区的物流企业形成规模效应,共同协作来提供物流服务,提高服务质量,降低成本。

这股动力的形成需要该区域有开放的物流市场,有众多的物流企业参与充分竞争,物流企业之间具有明确的功能划分,而且,致使物流企业自身调整适应物流市场的发展,改变物流运作模式,走向相互合作与竞争,降低物流营运成本。

(3)引导性动力——政府出于解决城市总体规划、发展城市经济、解决交通压力、保护环境等问题的需要,直接和间接的参与规划和建设物流园区,构成了物流园区形成的引导性动力。

随着城市经济的发展,城市规模越来越大,人口越来越集中,物流量也越来越大,导致土地资源紧张、交通拥挤、环境污染和客货流通不畅等一系列问题;同时政府为了城市和地区经济的进一步发展,物流业的发展成为很多城市新的经济增长点,因此政府出于对城市总体发展规划和经济增长的需要,也为了解决交通压力和环境等问题,开始对现有的物流设施进行重新审视。首先城市经济规模的扩大,分散的、较小的且功能单一的仓库已经不适应城市经济的发展,需要较大的集中的物流场所与之相适应;其次,交通问题和环境问题的解决也需要引导物流设施的建设,避免小规模重复建设,避开繁忙的城市中心,开辟新的物流通道;最后,为了给城市经济进一步增长创造更有利的条件,需要规划建设物流园区从而使货物流、资金流、信息流更通畅。因此政府为解决城市总体规划、发展城市经济、解决交通压力、保护环境等问题而规划物流用地,修建交通基础设施构成了物流园区形成的引导性动力。

这股动力的形成需要通过政府颁布法律法规、制定有关优惠政策和直接制定物流发展规划等手段和措施,从而营造良好的物流软环境,引导物流园区的形成。物流园区的形成是三股动力共同作用的结果,不是某一单方面力量就能推动的,其作用如图 3-1所示。

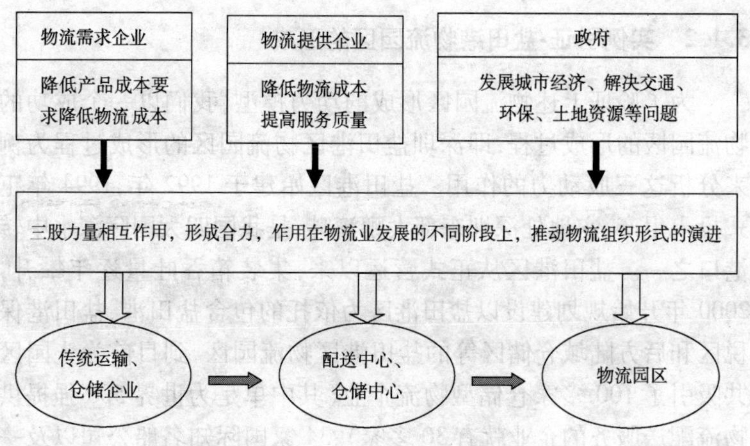

图 3-1　物流园区的形成动力

三股动力相辅相成共同促成物流园区的形成和快速发展。若缺乏需求动力，物流园区的形成就成为了无源之水，无本之木，最终结果只能是空置或转变用途；若缺乏适应性动力，就没有了物流园区的主体，物流园区也只能是一块空旷的土地；若缺乏引导性动力，没有政府的配套规划、政策支持和相关的优惠措施，物流园区也不会顺利发展。如果说前两个阶段的传统运输、仓储企业和配送中心、仓储中心的形成主要是企业和市场行为的话，那么物流园区的形成则是企业、市场和政府行为相互作用的结果，政府在物流园区的形成过程中起到了非常重要的作用，比如提供和出让大量的廉价土地、修建大量的基础设施、给予更多的政策优惠和扶持等，因此在规划建设物流园区时应把关注的焦点放在考察几股动力的形成及相互作用上。

这三股动力的形成实际上还是市场作用的结果，因此物流园区的建设要注重物流市场的培育。建设开放的物流市场，引入物流企业参与充分竞争，促使企业由竞争走向合作，从而有效整合物流资源。

3.1.2 实例引证-盐田港物流园区的形成

为了验证上述物流园区形成的动力模型，我们以一个成功的物流园区的形成过程，即深圳盐田港区物流园区的形成过程为例来分析这三股动力的作用。盐田港区始建于1992年，1994年正式投入生产，它地处深圳东部大鹏湾畔，是我国四大国际深水中转港口之一。盐田港区从正式营运以来，集装箱吞吐量逐年攀升，2000年开始规划建设以盐田港区为依托的包含盐田港、盐田港保税区和后方陆域仓储区等的盐田港区物流园区，到目前为止园区共吸引了100多家仓储型物流企业（其中单是为世界500强提供物流配送服务的企业就有30多家），34家国际知名船公司以及一大批围绕集装箱和集装箱船舶开展业务的物流企业（如船代、货代、理货等企业）入住园内。2005年4月，盐田港集团又和全球一流的物流仓储设施开发商和服务商美国普洛斯公司签署合作协议，投资9 000万美元在盐田港后方陆域19号区共建盐田港普洛斯国际物流园，该物流园规划建于占地18万余m^2，总建筑面积29万m^2，预计一期工程2008年9月完工。届时，盐田港区物流园区的物流设施将明显改善，物流园区的服务质量将进一步提高。盐田港区物流园区的快速发展为深圳的经济建设和现代物流业的发展做出了巨大贡献，仅2002年，盐田港区物流业营业收入高达人民币55亿元，约占深圳市物流业营业收入的30%。由此可见，深圳盐田港区物流园区在国内众多的物流园区当中是比较成功的一个，它的成功与管理运作模式分不开，但更重要的是盐田港区的规划符合了物流园区形成的内在规律。我们以盐田港物流园区为例来分析其形成机理。

(1)需求性动力因素分析。珠三角地处华南沿海，是改革开放的前沿，由于其地理位置的优越性，形成了以来料加工和生产制造为主的外向型经济，产品以销往海外市场为主。在盐田港开港以前,珠三角企业的产品主要取道香港进出,物流成本较高。盐田港集团的大股东和黄集团正是看到了珠三角潜在而巨大的货物量,投资兴建盐田港。珠三角企业为了适应激烈的国际市场竞争,迫切地希望降低产品成本,而盐田港相对香港低廉的物流操作成本为他们降低产品成本提供了一条直接有效的途径。因此,从盐田港开港以来,就吸引了珠三角企业的货源,随着珠三角经济持续快速发展,集装箱吞吐量每年平均以47%的速度增长,如表3-1所示:

盐田港历年集装箱吞吐量 表3-1

年份	盐田国际(标箱)	深圳港(标箱)	深圳港在全国排名	深圳港在世界排名
1997	638 000	1 148 000	2	35
1998	1 038 000	1 952 000	2	17
1999	1 600 000	2 978 000	2	11
2000	2 147 000	3 993 000	2	11
2001	2 700 000	5 076 000	2	8
2002	4 182 000	7 614 000	2	6
2003	5 258 000	10 652 000	2	4
2004	6 260 000	13 655 000	2	4

正是由于盐田港的巨大集装箱吞吐量,使一大批围绕集装箱和集装箱船舶而开展业务的物流企业聚集在盐田港周围,构成了形成盐田港区物流园区的内在条件。可见,盐田港区物流园区的形成正是顺应了珠三角生产和销售型企业降低物流成本从而降低产品成本的强大需要。

(2)适应性动力因素分析。在盐田港区围绕集装箱开展的物流活动较多,如集装箱运输、集装箱装卸、拆箱、拼箱业务、对产品进行简单加工、仓储和配送业务、新箱清关、集装箱中转、堆存等。

起初，只有盐田国际集装箱码头提供集装箱装卸、中转和堆存等物流服务，物流业务结构比较单一。但随着盐田港区集装箱吞吐量逐年增长，物流需求越来越大，需要提供的物流服务越来越多，吸引了一些物流企业在盐田港周围，如世界十大物流集团之一的日本运通，香港大型物流企业亚洲货柜、嘉里物流等。但提供这些物流服务的企业分散在码头附近及港口后方陆域各处，相互隔离，各自为战，比如盐田港区附近的十多家出口监管仓，各仓面积普遍在1～2万 m^2，各仓之间没有相互连接，仓与仓之间没有转接业务，资源不能共享，造成一些资源闲置，因而物流成本较高，如1万 m^2 的货仓只能接6 000～7 000 m^2 的货单，否则万一“爆仓”，赔偿损失更加惨重，因此空闲的货仓面积占30%左右。而在香港，由于各货仓有业务转接，资源能够共享，1万 m^2 的货仓可以接3万 m^2 货仓的单。因此，盐田港区附近的物流企业为了能够共享资源，形成竞争合力优势而希望聚集在一起，从而降低物流成本，这种内在的聚集愿望促进了盐田港区物流园区的形成。

（3）引导性动力因素分析。由于深圳市政府结合经济结构和经济发展的特点，考查了深圳发展现代物流业的可行性和必要性，在全国率先提出大力发展深圳现代物流业，把现代物流业作为深圳21世纪经济发展的三大支柱产业之一，于2000年出台了深圳市“十五”规划前期研究报告和深圳物流区规划构想，在2002年10月又公布实施了《关于加快发展深圳现代物流业的若干意见》，提出采取一系列政策措施，对物流重点项目及企业给予土地、用电、资金、人才引进等方面的优惠。近年来，深圳市政府、盐田区政府为了促进盐田港区物流园区的发展，制定了统一的规划和相关的配套措施，解决了港口后方陆域用地不足，物流企业经营秩序差等问题，投资兴建了盐田明珠立交桥、机荷高速公路盐田港支线等交通基础设施，大大改善了物流园区的运输条件。政府的积极参与和强有力的政策支持也促进了盐田港区物流园区的形成。

从以上分析可以看出,盐田港区物流园区的形成具备了需求、适应、引导三股动力,而且是这三股动力相互作用的结果。

3.1.3 物流园区的形成模式

物流园区的形成动力主要来自三方面,即物流需求企业、物流提供企业和政府,结合三股力量的强弱可以将物流园区的形成划分为四种模式:物流需求企业主导型、物流提供企业主导型、政府主导型、政企合作型。

(1)物流需求企业主导型。这种形成模式是指以需求性动力为主要力量,即物流需求型企业主导,其他两种力量为次要力量而形成物流园区的模式。显然,当物流需求型企业主导时,由于物流需求企业众多,力量分散,单一物流需求企业能够提供的物流量有限,对物流仓储中心的形成有一定的推动作用,但在物流园区形成阶段却很难成为一种主要力量。物流需求企业主导园区发展的局限性主要体现在,物流需求企业不具备从事物流服务的绝对优势和相对优势,缺乏专业化的管理经验和人才,社会经济越发展,分工越细,专业化物流服务的优势越明显,因此这种形成模式在现有的物流园区中很难找到原型。世界著名的电脑制造商 DELL 公司,以其独特的直销模式而驰骋业界,而其快速制造和直销离不开高效的物流配送,1998 年 DELL 在厦门设厂时,陆续有日本大通、中国邮政等物流提供商在其工厂周围设点专门为 DELL 提供零配件和成品的仓储配送,但因为 DELL 一家工厂对物流服务的需求有限,因此,工厂周围并不具备形成物流园区的条件。

(2)物流提供企业主导型。这种形成模式是指以适应性动力为主要力量,即物流提供企业主导,政府支持和引导的形成模式。既然是适应性动力主导,那么就存在着需求性动力,而物流提供企业拥有从事物流服务的专业化优势,能提供高效经济的物流专业化服务,为物流需求企业有效降低成本。在园区的形成过程中由具有雄厚的经济实力和技术实力的物流企业集团，利用自身优势以及在行业中的领导力，由其率先规划和开发物流园区，并在宏观政策的合理引导下以及相应政府配套措施的支持下，逐步实现物流产业的聚集，达到物流园区开发和建设的目的，这就是物流企业主导型物流园区的形成模式。这种形成模式在物流园区的形成中占有相当重要的地位。比如深圳的前海湾物流园区，以招商局集团的为核心，利用政府对城市的宏观规划和相应政策支持（深圳市规划与国土资源局已明确表示，物流园区用地将享受分期支付地价款、新申请的用地项目地价还可优惠20%），稳步推进物流园区的建设；深圳笋岗－清水河物流园区，在20年前规划建设时，政府规划用地，核心企业主导，当初在笋岗片区，有80多栋楼层仓库是深业集团建设和经营的。

（3）政府主导型。这种形成模式是指以引导性动力为主要力量，即政府主导，吸引物流提供企业积极参与，共同建设物流园区的模式。政府从实际需求出发，以发展城市经济为主要目标，综合考虑城市物流资源和土地资源，通过有关政府部门，如交通运输、商贸流通等来主导，以基础设施、仓储设施等的投资，以及以廉价的土地、既有设施资源整合和置换等方式支持物流园区的建设，并通常由具有政府背景，或政府控股的企业进行开发建设和建成后的运营管理。如深圳平湖物流园区的开发建设，由于京九、京广铁路于平湖交汇，并有平盐、平南两条地方铁路连接深圳东、西部港区，周围多条快速干道沟通市区和周边城市，深圳市政府为充分利用平湖的交通优势，在平湖镇规划可用面积4km^2的平湖物流园区，成立政府领导小组，投资园区的基础设施建设，并直接随园区进行管理，属于政府主导型物流园区；另外如上海洋山深水港物流园区的形成也属于这种模式。

政府主导型的形成模式要注意政府在引导过程中，要避免盲目规划建设，特别是避免搞形象工程。而且这种模式对政府来说，风险较大,在物流园区发展的初期,政府主导建设的物流园区比较常见。

(4)政企合作型。这种形成模式是指以引导性动力和适应性动力为主要力量,即政府和物流提供企业共同开发建设,服务地方经济的物流园区的形成模式。这种模式中,物流提供企业参与物流园区的建设愿望比较强烈,能够分担一部分政府的风险,同时也能充分利用政府提供的各项优惠政策,降低自己开发建设物流园区的风险。在这种合作中,政府提供政策、资金以及其他职能部门的某些支持,企业则按照市场规则经营和管理物流园区。如上海外高桥保税物流园区的形成就是属于政企合作型,园区于 2003 年底经国务院批准设立,作为全国首家"区港联动"试点园区,按照保税物流中心 B 型模式开发建设,政府给予土地、资金、税收方面的优惠政策,园区管理按照现代企业制度组建上海外高桥物流中心有限公司,专门负责物流园区的开发建设、招商引资、项目经营和营运管理,公司注册资本 4 亿元,其中上海港务集团投资 45%,外高桥集团公司控股 55%。通过开展针对性项目引进、提供个性化优质服务,汇集了一批具有世界性经营网络和强大供应链管理能力的物流服务供应商,通过区港联动,形成保税区、港区和国际物流产业的良性互动,提升口岸增值能力,是目前国内运作比较成功的物流园区。

3.1.4 物流园区的形成过程

物流园区最初的开端是政府从整体发展的要求出发,规划一片土地用于物流服务,因此形成了物流园区的空间区域,从一片空地到最终成为物流园区,其发展过程大致经历四个阶段:

第一个阶段是园区规划。物流园区的规划主要是土地规划,也就是园区的空间区域,政府一般选择郊区或城郊结合部、位于交通交汇点、有一定的物流基础、具有一定的发展空间的土地,规划成物流园区。物流园区建设规划一般分为几个阶段,第一阶段面积较小,周边地区预留一定的空地用于后期开发。规划完成后,通过土地使用权的招标拍卖、出租等方式,确定物流园区开发商。为了吸引开发商投资,通常会在土地价格、基础设施投入等方面给予一定的优惠。

第二个阶段是园区基础设施建设。政府或开发商投入一定的资金,开始基础设施建设,如修建道路,平整土地,联通水、电、煤气、电话、网络,建设物流公用设施,如装卸作业区、码头、仓库、写字楼、停车场、生活服务区等,使物流园区具备基本的建设条件和作业条件。

第三个阶段是物流企业入驻。园区可能吸引一些成熟的物流企业入驻,并开拓业务,也会吸引新办物流企业可能选择物流园区开业,一些老的物流企业可能迁入园区。物流职能如运输、包装、装卸、配送等开始发挥,业务量逐步上升。

第四个阶段是形成市场。随着园区企业越来越多、业务量越来越大,物流园区功能逐步完善,物流园区逐渐成为物流服务的主要承担者,还可能辐射到更远的周边地区,形成地区物流中心。

3.2 物流园区规划的步骤与方法

3.2.1 物流园区规划的基本程序

物流园区的建设不仅是一个投资大、占地多、回收周期长的项目,而且涉及到城建、交通、生态、环保等一系列问题,对物流园区的合理规划是园区建设的关键,因此,其规划必须遵循一定的基本程序。如图 3-2 所示。

第一步:区域经济状况分析。区域经济是按照自然环境、经济联系、民族、文化传统以及社会发展需要而形成的经济联合体,是

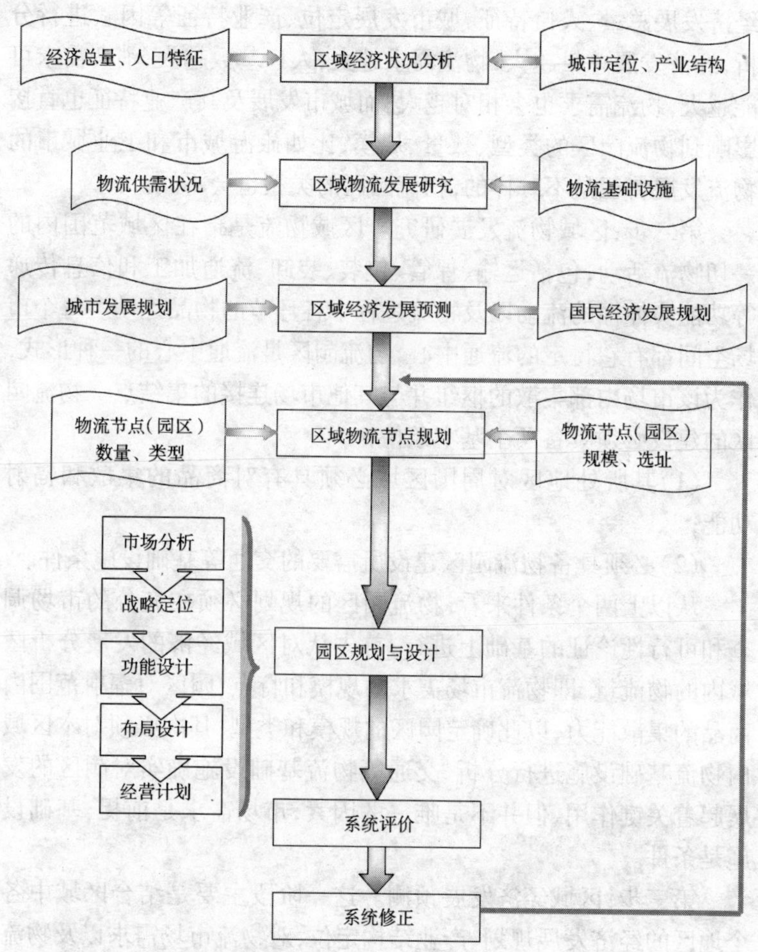

图 3-2　物流园区规划的基本程序

社会经济活动专业化分工与协作在空间上的反映。区域物流是区域经济的主要构成要素，经济的发展提供物流需求，也为物流的发展提供技术基础；物流则直接服务于社会经济的发展，因此，在规划物流园区时，首先要明确其服务的经济区域，对该经济区域内的经济发展总量、人口特征、城市发展定位、产业特征等因素进行分析,经济发展总量越大;物流需求越大;人口基数越大,消费需求可能越大,物流需求也会相对越大;而城市发展及其产业特征也直接影响到物流园区的类型、数量、规模,比如旅游城市和工业城市的物流发展特征是不一样的,物流园区的类型也会不同。

第二步:区域物流发展研究。区域物流是指在区域范围内的一切物流活动,包括运输、保管、包装、装卸、流通加工和信息传递等功能实体性的流动以及物流过程中各环节的物品运动。每个市场空间都有它特定的流通中心,物流园区是流通中心的一种形式,作为该市场内部集散的枢纽并与其他市场连接的集结点。物流园区的建设必须具备两个基本条件:

(1)其所处地区对周围区域必须具有对商品的集散和辐射功能;

(2)必须具备物流园区建设所需要的交通等基础设施条件。

从以上两个条件来看,物流园区的规划必须在充分的市场调查和可行性论证的基础上进行,首先从对区域经济的发展分析区域内的物流量,即物流市场需求的规模和特点,园区对辐射范围内商品的集散能力,以此确定园区的规模和类型;其次必须对本区域内物流基础设施进行分析,交通等物流基础设施确实对园区的发展起着关键作用,但并不是唯一的因素,市场需求是前提,基础设施是条件。

第三步:区域经济发展预测。这一阶段主要是结合区域中各个地区的经济发展规划、产业结构定位,对物流市场需求以及物流产业的发展方向进行预测,为物流园区的设计,如园区规模、选址、功能、辐射半径等的确定奠定基础。只有结合经济发展对物流市场的需求总量及需求模式等进行科学的预测,才能在规划与设计物流园区时具有一定的超前意识,以适应未来的发展。

第四步:区域物流节点规划。这是园区规划与设计的关键环节,通过前期对区域经济发展,城市功能定位、产业结构,以及由此产生的物流供需量和物流方式等因素的分析,结合物流基础设施等方面的条件,在该步骤中将对物流园区进行系统而详细的设计,从区域内园区的数量、类型、规模、具体选址、基本设施建设等方面进行规划,产生区域内物流园区建设的整体的基本蓝图,比如根据珠三角经济发展现状和9个城市的产业发展方向,整合珠三角物流资源对珠三角物流园区的分布和各园区的具体功能等提出整体规划。

第五步:园区规划与设计。这一阶段主要是对某个特定园区的建设进行可行性分析、战略定位以及园区功能、布局、经营管理模式的设计。如深圳笋岗－清水河物流园区,在20世纪80～90年代,该片区作为全国最大的多功能商业化仓库区和全国首个出口监管仓库而闻名海内外,被称为“中国第一仓”。21世纪初,市政府经过论证,决定大规模改造笋岗－清水河仓储区的城市基础设施,并将该区域作为城市商业化改造的重点,将其定位为“城市消费物流园区”,由市政府牵头专门成立了笋岗－清水河库区改造建设指挥部,对园区的核心功能和布局等进行整体规划。

第六步:系统评价。这一阶段主要对已规划的物流园区系统在进行投资分析、财务分析、经济效益分析、社会效益分析等基础上对未来项目的整体实施情况进行跟踪,并做出评价。

第七步:系统修正。在系统评价的基础上对原设计方案进行系统修正。

3.2.2 物流园区规划与设计的步骤和方法

物流园区的形成与区域经济、地理位置、交通基础设施、政府政策等因素直接相关,而其规划和发展是依赖市场而生存的,没有市场需求,园区内的企业将没有生存和发展的空间,物流资源也不能得到有效利用。物流园区规划本身也是一项庞大而复杂的系统工程。关于物流园区的规划,不同学者提出了一些不同的方法,但其核心内容基本相同,比较典型的有德国弗劳恩霍夫物流研究院(Fraunhofer IML,简称德国物流研究院)提出的 MSFLB 物流园区规划方法。MSFLB 规划方法需要通过五个步骤来实施,也称“五步曲”,它们分别是:市场分析(Market Study)、战略定位(Strategic Positioning)、功能设计(Function Design)、布局设计(Layout Design)和商业计划(Business Plan),MSFLB 是这五个步骤中英文单词首个字母的缩写,如图 3-3 所示。该方法是在众多的国际性物流园区规划项目实践中总结出的基于需求驱动、竞争驱动和最佳实践驱动的一种物流园区规划方法。下面我们以 MSFLB 方法的基本思想为基础,分析如何规划和建设一个实际的物流园区。

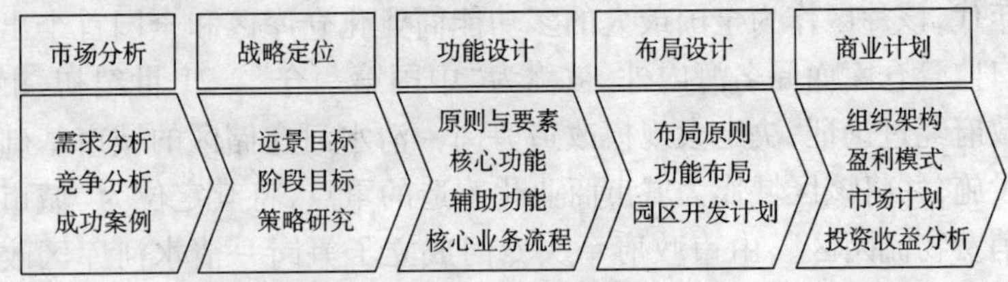

图 3-3 物流园区规划的基本程序

1. 市场分析

这一阶段主要任务是在调查研究的基础上,对物流园区建设的可行性进行分析,并确立物流园区近期和远期的建设规模,即深入了解区域物流园区周边地区的经济发展状况,市场需求、基础设施、服务竞争等情况,即对物流园区辐射地区的宏观经济、产业和微观环境进行全面调查和研究,根据远期和近期的物流市场需求量,确定物流园区长远和近期的建设规模。

物流园区可行性分析一般包括园区建设的可能性、效益性和必要性三个方面,三者相辅相成,缺一不可。可能性包括技术、土地资源、资金和人员支持的可行性;效益性包括建设物流园区所能带来的经济效益和社会效益;必要性则比较复杂,包括了社会环境、领导意愿、认知水平等诸方面的因素。可行性分析必须坚持三个基本原则:

(1)科学性原则。真实可靠的数据资料是可行性研究的基础和出发点,可行性分析必须运用科学的方法和认真的态度来收集、分析和鉴别原始的数据和资料,以确保资料的真实可靠,要求每一项技术与经济的决策要有科学的依据;

(2)客观性原则。即坚持从实际出发、实事求是的原则。园区建设项目的可行性研究,要排除主观臆断,根据经济区域发展的客观要求和具体条件,并对客观数据和条件进行逻辑的分析论证,从而得出科学的结论;

(3)全局性原则。就是站在全局的高度,综合考虑整体利益。在园区建设的可行性分析中,要将整体利益和局部利益结合起来、社会效益与经济效益结合起来综合考虑,特别是避免过分关注某一行政区域的局部利益。

可行性研究的第一步是通过调查研究,收集整理数据资料,将资料进行汇总;第二步就是对汇总的数据进行处理及分析研究过程。下面将说明如何从搜集到的支柱或重点行业的营业额、产量、货物周转率和库存需求数据中推导出区域经济对物流园区所产生的现实和潜在的运输、仓储和加工方面的需求。利用 Fraunhofer IML 专用的 REA(Requirement Estimation Approach)经验模型公式,可以非常简便地推算出每个行业的运输量、仓库作业面积,增值加工区作业面积,以及相应的占地面积大小。

从市场调查或政府公布的数据中可以得到珠三角地区每个行业的生产总量(或消费总量),以及通过本地区的物流园区的货运量,同时估计有多少百分比的量可能在物流园区进行仓储,其中包括属于保税和非保税仓储方面的存储量需求。每个行业生产的产品在仓库内存放的周转率、堆码方式不同,因此根据调查和经验数据可以求得每年每平方米的仓库面积可以存放多少货物,然后再与每年该行业的存储量相除,就可以得到保税(非保税)仓库的面积需求。在知道该区域物流园区中不同行业中简单物流加工,中等物流加工、复杂物流加工的比例之后,还可以计算出保税(非保税)仓库增值服务作业面积。然后,根据仓库建筑密度这个国内要求的技术经济指标,就可以分别得到保税(非保税)仓库所需的占地面积。需求分析和计算的主要流程如图3-4所示。

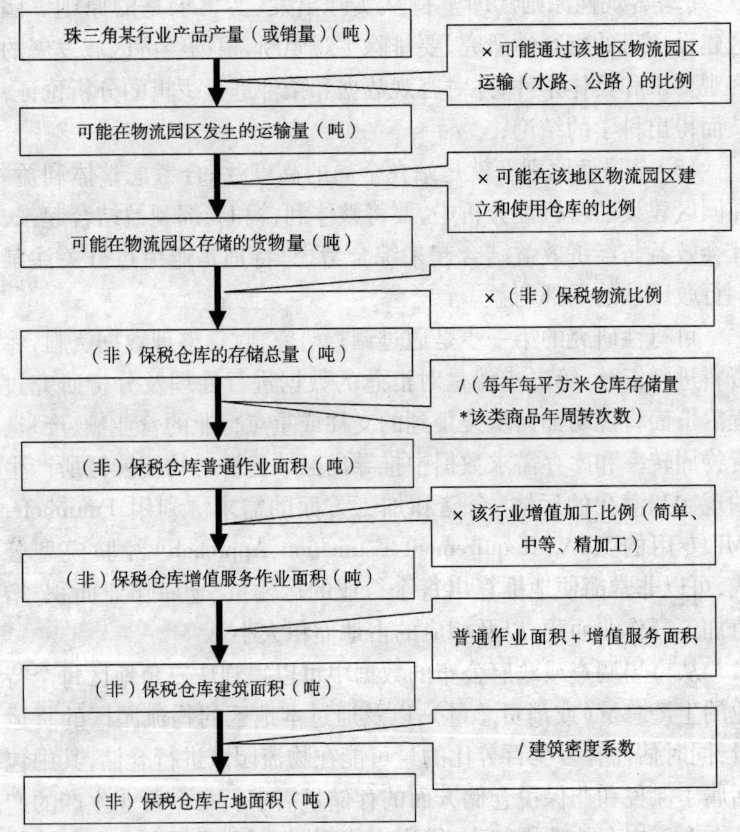

图3-4 物流园区仓储面积需求分析流程

然后,参照该地区 GDP 最近几年的增长率以及未来几年的预期增长率,以此数据作为该区域物流园区的物流作业量的年增长率,就可以得到物流园区未来 10 ~ 15 年每年物流发生量的预测数据。在测算过程中,可以建立不同的预测模型,例如指数回归分析法和灰色 GM(1,1)模型,这样就能使得预测值更加贴近区域物流未来发展的实际情况。

在完成详实的定性和定量市场分析研究之后,规划者必须对物流园区整体优势、劣势、机会、威胁进行分析(即 SWOT 分析),如果某类服务,如空港、海港和公路货运站场在整个园区中占有较大比例,还必须进行专项的 SWOT 分析。这些分析主要是帮助园区的高层经营决策者明晰内外部环境,提出发展物流园区的使命,远景目标和制胜策略,从而进行准确的战略定位,帮助实现其战略目标。这里的制胜策略,是指击败现有及潜在竞争者的计划,包括一系列举措以提高物流服务的水平、物流园区战略选择的“价值方案”及实施步骤。这些策略应该严格限制在内部使用。

2. 战略定位

物流园区的规划是一个战略问题,主要考虑两方面的因素,第一要考虑“物”,其次要考虑“流”。“物”是产业基础。哪些物在流,通过什么方式流,流的上下游关系是什么,最合适的节点在哪?要通过产业调研,找到物流园区最合适的定位和选址。其次是“流”的条件。怎样才能让物“流”起来,地处枢纽位置,集散条件优越,有两种以上的运输方式联运,都是必要的条件。还有用地问题。土地成本和将来人、车、物集聚引发的交通问题,都是园区建设中要考虑的因素。

珠三角正在建设和规划的物流园区中绝大部分园区的基础条件都是比较好的。比如深圳盐田港区物流园区、前海湾物流园区、深圳机场物流园区等,深圳机场物流园区紧密衔接海空两港,盐田港区物流园区已经实行区港联动,建立了盐田保税物流园区;龙华物流园区在相关部门支持下，形成了独具特色的“陆港”。物流园区的远景目标一般根据投资者自身状况和市场需要来确定的，而物流园区的开发一般分阶段进行，则每阶段应该有阶段目标。分阶段进行将比整体一步到位式开发容易实施，而且，后一个阶段可以吸取前一个阶段的经验，同时进一步调整和优化下一步的营销策略和其他细节。物流园区典型的业务模式有：物业支持、建设支持、财务支持、人力资源支持、环境支持、安全支持，质量支持、设备支持等服务。

3. 功能设计

物流园区的功能设计主要采用自顶向下的方法，即在确定物流园区的规划原则以后，对物流功能规划所涉及的核心因素进行列举和分析，然后通过收集整理一系列国际最先进的物流园区案例，总结出对国内物流园区最适合的经验。再根据需要将整个物流园区分为几个大的功能区域，例如物流产业区和管理服务区，再为每个功能区域命名，定义，分配相应的面积，引入相关的设施、设备和 IT 系统。功能规划的最后一步是对物流园区的核心流程进行定义和描述。这些流程包括：集装箱服务、生产原材料供应和配送、生活资料采购和配送流程、保税物流作业流程以及空港、海港、铁路物流服务流程等。

物流园区系统的整体效率依赖系统的各组成部分有机配合与协调，因此，对于各组成部分的功能定位设计，应从物流园区整体系统出发，强调各组成部分之间的功能协调，使各组成部分既实行合理分工，又相互联系，形成一个有序的整体，以实现园区的总体效率最大化。物流园区系统功能规划应遵循以下原则：

(1)服务产业的原则。规划物流园区首先要结合区域或城市的产业基础、产业特点来统筹考虑，这是规划物流园区的首要原则。

(2)系统化原则。在构筑物流系统功能时，既要考虑各组成部分的个体效应，也要考虑整个园区的整体效应，各功能、各组成部分必须协调、衔接，实现物流功能的一体化、集成化，才能有利于物流系统综合功能的协调发挥，保证物流系统各环节的无缝链接。

(3)资源优化配置的原则。近期在对现有物流资源整合、利用的基础上，构筑各组成部分的系统功能，充分发挥现有资源优势。远期强调功能、资源的优化配置，逐步调整园区的空间用地布局和功能配置组合，最终形成空间布局合理、资源和功能配置优化、各组成部分相互协调的综合性物流园区。

(4)系统功能生态化的原则。物流园区系统功能的生态化表现为物流园区保持井然有序的作业活动、全面环境净化控制、优美的园林化园区环境，包括车辆尾气监控、车容车貌整治、绿化面积与容积保障、污水排放治理、环境形象设计等。

(5)利于物流企业发展的原则。园区功能设计必须有助于培育物流龙头企业及企业联盟。在构筑物流系统功能时，一方面要积极为物流企业的发展营造一个良好的发展环境，促进物流龙头企业的快速成长，同时还必须兼顾主要物流企业的核心能力，使这些企业进驻物流园区，通过全方位的功能整合，形成协同工作的物流企业群体，构筑企业联盟。

物流园区通常必须具备以下功能：

1)基本功能

(1)货物集散功能。集散功能一方面体现在货物的集散：接收通过各种运输方式到达的货物，并进行集货、储存，分拣、配送等作业环节，将集中起来的货物发出，或通过直接换装方式向外发运；另一方面体现在商品的流通：部分物流园区，如深圳笋岗－清水河物流园区，还可以通过建立有形的专业商品批发市场，形成强大的商品批发交易与集散能力，促进商贸流通业快速增长，提高商贸流通业的总体效益；因此物流园区必须具备实现物流仓储、运输、装卸、搬运、包装、流通加工等基本环节的功能。

(2)物流信息服务功能。通过构筑公共物流信息平台,利用EDI、网络等技术提供相关信息服务,如信息发布,信息交换等,进行物流状态查询、物流过程跟踪、物流要素信息记录与分析,建立物流客户关系管理、物流决策支持系统等提供信息服务。

2)物流延伸服务功能

(1)货物调剂功能(库存物资处理):利用物流园区资源优势,有效地处理库存物资与开办新产品展示会。

(2)物流技术开发与系统设计咨询功能:吸引相关高科技企业进驻园区,利用园区物流企业密集的资源优势,发展物流软件开发与物流设施设备的技术开发,形成“第四方物流”利润增长点。

(3)物流咨询培训服务功能:利用物流园区运作的成功经验及相关的物流发展资讯优势,吸引物流咨询企业进驻发展,利用高校科研企业政府多方合作的优势,开展物流人才培训业务。

(4)商品展览交易功能:通过建立商品展示交易平台(采购中心、专业市场),为厂、商提供商品交易和展示的场所。

(5)内陆口岸功能。设置海关、卫检、动植物检疫检验机构,在园区完成口岸业务。

3)配套服务功能

车辆辅助服务:加油、检修、培训、配件供应等。

金融配套服务:银行、保险、证券等。

生活配套服务:住宿、餐饮、娱乐、购物、旅游等。

政府配套服务:工商、税务、海关等服务。

4.布局设计

物流园区的设施规划与布局设计是指根据物流园区的战略定位和经营目标,在已确认的空间场所内,按照从货物的进入、组装、加工等到货物运出的全过程,力争将人员、设备和物料所需要的空间作最适当的分配和最有效的组合,以获得最大的经济效益。

目前,我国在物流园区布局规划方面可以参考的案例不多。

欧洲物流园区最佳实践案例(见表3-2),其主要经验是:校园化的设计理念,分割不同的功能区域;按照物流与空港、海港以及与陆路运输的密切程度来安排相关产业;地块规划面积能满足柔性需求并有可选的扩展空间;多式联运的设施规划,综合水路、铁路、公路和航空等运输方式;保持产业加工和高附加值物流企业之间合理的分配比例;充分考虑地理和生态环境,有吸引力地设计并考虑环保预留用地。

欧洲物流园区布局实例 表3-2

	不莱梅货运村	杜伊斯堡港物流园区
全部面积	约3 620 000m^2	约2 650 000m^2
剩余空地	约10%	约800 000m^2
入住的企业数量	114	28
建筑数	65	43
内部道路网络	约98km	9.4km
内部铁道网络	约11.4km	12.4km
内部交通占地	约15%	约13.2%
全部仓库面积	约4 500 00m^2	200 000m^2
绿化区域	约10%	约3.7%
就业人士	约4 960	约1 500
2003年转运量	87 000TEUs	100 000TEUs
年度转运能力	235 000TEUs	200 000TEUs
投资	约4.5亿欧元	1999-2003年: 1.6亿欧元用于基础设施 5亿欧元用于地面建筑。

物流园区设施布局规划主要包括两个关键内容:一是园区建设基础资料的搜集与分析;二是合理布局与规划物流设施。

物流园区多种业务功能的组合形成不同的功能分区,如仓储中心、加工中心、配送中心、物流中心、公铁联运中心、公路集散中心、港铁联运中心等。为实现各项业务功能，各功能分区需要配置相应的设施设备。为优化作业流程，提高园区的作业效率，园区的场地分配、设施布局必须满足易于管理、提高经济效益，灵活适应作业量的变化和物品形状的变化等要求。物流园区内部布局设计的流程如图 3-5 所示。

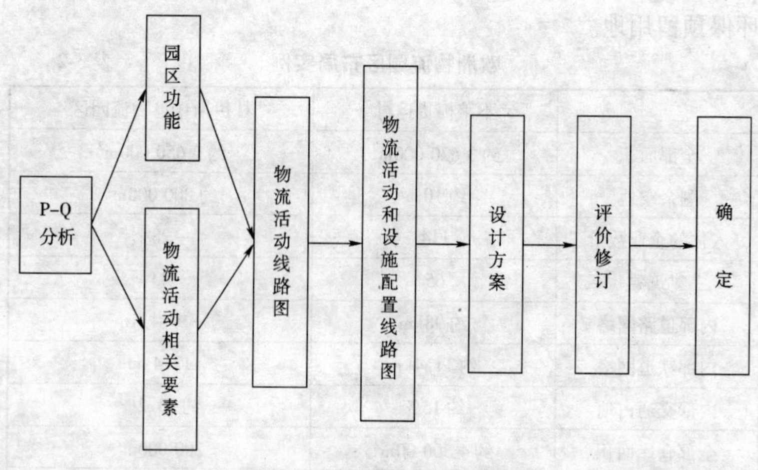

图 3-5　物流园区内部布局设计流程

5. 商业计划

商业计划主要是让园区投资和经营管理者计划如何按照公司体制设计业务模式和管理模式，主要包括物流园区管理公司的组织架构和职责、物流园区业务模式、收益预测、客户分析、园区销售/市场推广策略、投资收益等财务概要分析。

商业计划的制定过程通常要经过宏观分析、区域分析、产业分析、市场定位、发现目标客户和功能性设计几个阶段。特别是要加强对不同产业类型发展潜力及趋势的分析，以利于园区建成后的招商和业务拓展。不同的产业对物流园区的类型、设计和运作要求都不同，错误的产业定位将无法吸引到目标客户。而物流园区的功能分区和所需设备等功能性设计，是要根据目标客户吞吐量、库存量、订单特性、单位库存特征等详细数据，加以分析、归纳，结合未来物流量增长预测来完成的。

建立现代化物流园区，必须以市场环境为基础，以战略发展目标为指导，从物流园区的选址、类型、规模的确定，到物流园区功能、设施的设计，到物流园区经营管理模式的选择，都必须与市场环境和战略发展目标紧密相连。

第 4 章　珠三角物流园区的资源整合

伴随着全球经济合作领域的不断拓展和中国经济的蓬勃发展,现代物流理念迅速输入中国并冲击着企业供应链的每个环节,作为传统制造业生产基地的珠三角地区,有着发展物流业得天独厚的优势:高度密集的企业生产群落、发达的交通体系、毗邻香港国际物流中心的独特地理位置、先进的信息技术产业等等。庞大的市场需求使得各地政府纷纷看好物流产业,广州、深圳、佛山、东莞、珠海等城市均不约而同地确立了大力发展物流业的战略目标,为配合城市规划、提升物流产业而规划的物流园区也在各城市铺开,然而如何有效整合物流资源,合理规划物流园区则是一个需要进一步探讨的问题。

4.1　珠三角物流园区建设的交通资源分析

4.1.1　珠三角优越的地理位置

在珠三角地理位置所体现的优越性方面,我们重点分析珠三角几个重要城市广州、深圳、珠海的地理位置优势,珠三角各城市地理位置如图 4-1 所示。

广州位于整个珠江水系汇合入海的顶点,当建筑技术还没有达到一定水平,不能修建横跨珠江的大桥时,珠江东岸和西岸的往来都必须绕顶点而行,这个顶点就是广州,南下的货物不管是到珠江东岸还是西岸都要经过广州,因此广州是珠三角的一个交汇点,从地理位置来说,它对珠三角以及泛珠三角的辐射优势非常明显,因此适合交通枢纽型物流园区的建设。

图 4-1　珠三角各城市地理位置

深圳位于珠江入海口的东岸，同时在陆域上与香港相接。因此深圳不但有优良的港口条件，而且还有全国最大的陆路口岸，是中国内地与香港之间的贸易往来和货物运输的重要通道。综合深圳的地理优势，深圳适合发展港口等国际物流枢纽型物流园区以及城市消费品配送型物流园区，为大运量货物直接上干线船，实现经济快速的进出口提供便利，为深港之间的货物往来提供快速通道。数据显示，深圳和东莞的外贸出口额远远高于珠三角其他城市，而东莞与深圳在地理位置上紧紧相依，东莞的出口货物选择邻近的深圳港出口在空间距离上优势明显。目前为了适应珠三角以及泛珠三角经济的迅猛发展和进出口的急速增加，珠三角正在建设大铲湾港区和南沙港区，这两个港区及配套的物流园区建设在地理位置上也具有明显的优势。

珠海处于珠江口的西岸，在陆域上与澳门相邻，有较好的港口条件，而且还有重要的陆路口岸，适合港口型物流园区，但是由于澳门的人口和经济发展与香港相比有较大差距，而且珠海海岸线水深较浅，不适合建设大型深水港供大型船舶靠泊，再加上珠海以及珠三角西部的经济发展不如东部发展快，因此虽然有形成物流园区的地理优势，但其经济优势还不明显，因此目前珠海在物流园区的建设上落后于其他珠三角城市。

4.1.2 珠三角发达的交通资源

交通网络是各种运输方式，铁路、公路、水运、航空、管道等依据各自的运输特点，所建设的基础设施或线路网，以及这些设施构成的物流运输服务网络。交通网络是按照运输线路货物的起点与终点的位置要求和地理要求，以及对成本效益、可靠性和效率等因素的基础上开发建立起来的。物流园区是一个货物吞吐集中的场所，如果没有发达的公路、铁路和水路等集疏运系统配套，将无法实现货物的快速进出，因此物流园区的形成离不开交通网络等基础设施的支持。

珠三角地区是我国经济发达的地区之一，也是交通运输最发达的地区。珠三角是全国高速公路覆盖最密集的地区，据调查珠三角经济区公路通车里程达到29,792km；公路密度为71.45km/百km^2。珠三角地区高速公路分布如图4-2所示。广东省高速公路通车里程突破3 100km，居全国第二，连接所有相邻省（区）的出省高速公路全部贯通，目前正逐步形成以广州为中心，逐渐向外扩散，把珠三角各城市紧密联系在一起的快速通道，形成了珠三角快速交通网络，如图4-3。京广、京九铁路是珠江三角洲与我国内陆省份客货运输最重要的南北通道，区内铁路运营里程514km，其中干线里程466km，珠三角的主要港口大部分集中在香港、广州（黄埔港）、深圳（盐田港、蛇口港、妈湾港、赤湾港等）、珠海高栏等。

珠三角地区方圆 200 多 km 之内集中了香港、澳门、深圳、珠海、广州五大国际型机场。

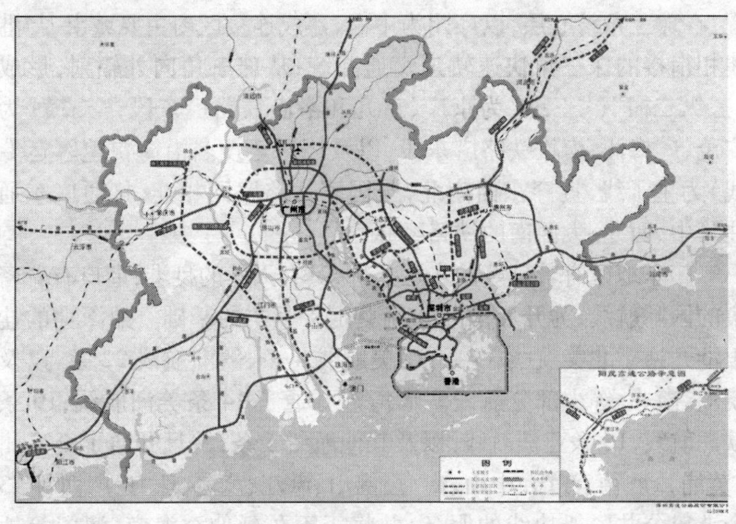

图 4-2　珠三角地区高速公路分布图

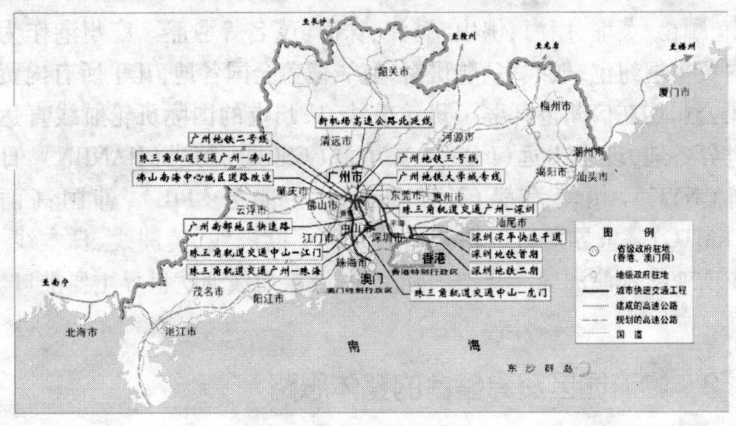

图 4-3　珠三角地区快速交通网络图

铁路方面珠三角地区主要有广深铁路、京九铁路广东段、广梅汕铁路以及平南铁路、平盐铁路等,并且正在建设广深铁路四线工程,在珠三角核心层,以广州为中心,建成连接区内主要城市,与港澳相衔接的珠三角快速轨道交通系统;从珠三角向外辐射,形成"三纵二横"("三纵"为京广、京九和洛湛铁路广东段,"二横"为广茂、广梅汕、梅坎铁路广东段,以及饶平至茂名沿海快速客运专线)为主干线,贯穿东西南北,与国家铁路路网相连,打通广东通往华中、西北、大西南的铁路经脉。

广东地区有着良好的水运条件,具有天然的良港,港口有着密集的国际航线,为开展国际物流奠定了坚实的基础。如深圳的盐田港开通了北美航线 36 条,南美航线 4 条,欧洲航线 22 条,以及澳洲、南非、等少部分航线。赤湾港开通了 14 条美洲航线,19 条欧洲航线,16 条亚洲航线,以及其他航线 5 条,并且开通了至广州(黄埔)、顺德、江门、中山、南海、佛山、湛江、茂名、珠海、广西等 13 个港口公共驳船快线的服务,并将于不久延伸至海南、澳门等地区。蛇口集装箱码头已经开通了 38 条国际航线。以及到江门、中山、顺德、黄埔、南海、佛山、湛江、珠海、茂名等驳船。广州港作为内贸主枢纽港,航线多、航班密,航线覆盖全国各地,几乎所有内贸船公司均在广州港开辟了班轮航线,广州港的国际班轮航线直达世界各地,现有中远(COSCO)、中海(CSCL)、韩进(HANJIN)、日邮(NYK)、川崎汽船(K-LINE)、太平船务(PIL)、韩国高丽(KMTC)等世界知名班轮公司共开辟了欧洲线、美洲线、日本线、东南亚线和澳洲线等 9 条国际班轮航线,航线通达世界主要港口。

4.2 物流园区资源整合的整体思路

物流园区是营造物流产业优良环境的一个区域,具有系统性和综合性,也是现代物流技术、信息、设备、人才、管理、资源、客户的集中地，使物流技术的研究、开发、运用有了一定的动力和实践场所。各种经济成分和不同运作模式的物流企业聚集在一起，互为补充、资源共享。物流园区形成后，政府工商、税务、海关、环保、交警等职能部门进入园区并提供服务，不仅有利于政府的宏观指导和调控，也有利于物流企业的规范性运作。物流园区建成以后，对进入园区的企业以至整个城市和经济区域都将产生较大的经济效益和社会效益。归纳起来，物流园区规划的主要作用在于：

(1)充分整合和利用交通运输资源，减轻物流对交通网络的压力。

(2)提高物流经营的规模效益，使物流业朝综合化、集约化方向发展。

(3)减小物流对城市环境的不利影响。

日本政府对物流园区的认识是：物流是支撑国民生活及产业活动的一项重要功能，物流园区作为物流体系的基础设施，是一项社会性较强的公共设施。早在 1964 年日本就开始对物流产业的发展进行调控，在 1969 年形成的日本全国范围物流体系宏观规划中，结合 1966 年制定的《流通业务市街的整顿法》，将日本 1 道 1 都 2 府 43 县，按经济特性分为八大物流区域，进行区域间物流和区域内物流的分类。在各区域建设和整顿物流设施，形成物流团地(物流园区)和全区域的物流网络，然后将区域间通过干线运输(高速铁路、高速公路和近海运输)的连接形成跨地区的物流系统，最后形成全国范围的物流体系，日本的整个社会物流体系至今仍在不断建设和完善中。

物流园区建设既要考虑区域经济发展水平和物流市场的需求，也要考虑城市及地区的整体规划。物流园区建设应坚持统筹规划、协调发展的方针，按照市场自有的供需规律，结合当前利益和长远利益、局部利益和整体利益，既要切合中国的实际，又要与国际接轨，把每个物流园区的建设纳入全国或经济区域重大物流基础建设规划和经济发展规划中。

物流网络及其节点在不同的研究范畴有不同的表现形式，而且具有显著的层次性，可表现为物流区域、物流中心城市、物流园区、物流中心、配送中心、货运场站等多种形式。不同层次的规划要有自上而下、自下而上的互动调适，才能提高整体规划的水平。在空间布局上，要在国家宏观调控下，充分考虑交通运输设施的分布、市场供需发展、产业需求的聚集等多种因素，并且处于至少两种运输方式的交汇处；而且要注意发展综合运输，充分利用物流本身的聚集效应来发展物流园区，把传统的交通枢纽和配送中心、货运车站等不同层次的物流节点连成一片，通过规模效应来降低物流成本。

既然物流园区是对物流组织管理节点进行相对集中建设与发展的具有经济开发性质的城市物流功能区域，同时，也是依托相关物流服务设施进行与降低物流成本、提高物流运作效率和改善企业服务有关的流通加工、原材料采购和便于与消费地直接联系的生产等活动的具有产业发展性质的经济功能区。因此，物流园区在资源整合过程中可以参考以下思路：

(1)依托运输组织枢纽进行整合。即物流园区往往伴随着枢纽港口、机场、铁路货站(场)、公路运输主枢纽进行布局，或直接与运输枢纽合而为一，最大限度地利用运输组织枢纽在货源集中和运输便利上的优势，以便减少装卸和搬运作业环节和降低相关环节的费用，提高物流作业效率。以交通运输方式直接冠名的物流园区均属于此种布局。

(2)依托交通枢纽进行整合。此类物流园区在空间布局上的突出特点是位于两种运输方式的线路交叉点，或不同方向的同一种运输方式的干线网络节点上，目的是在物流组织时具有各个方向上的干线大运量、快捷运输组织条件，也便于降低运输成本和减少迂回运输。区域型的物流园区和商贸流通型物流园区多采用此种空间布局方式。

(3)依托制造业基地进行整合。经过 10 多年的发展,我国相当数量的经济开发区、工业开发区、产业园区、保税区等形成了规模,逐步成为自身具有配套生产能力,或者成为进出口加工工业的制造中心,对规模化的物流服务与组织需求较大。因此,许多物流园区依托这些产业集中地进行布局,以便为制造业的原材料采购、产品生产、产成品销售等的物流组织与管理提供便捷的服务。

4.3 珠三角物流园区资源整合的途径

4.3.1 构建珠三角城市物流发展梯度

根据经济发展理论以及物流园区形成理论,物流网络的节点是具有强烈层次性的,所以珠三角要发展物流,必须确定物流发展的层次。首先要确定物流区域,物流中心城市,还要明确物流中心、配送中心、货运站场等,以点连线,以线成面来发展区域物流。珠三角城市物流发展梯度如图 4-4 所示。

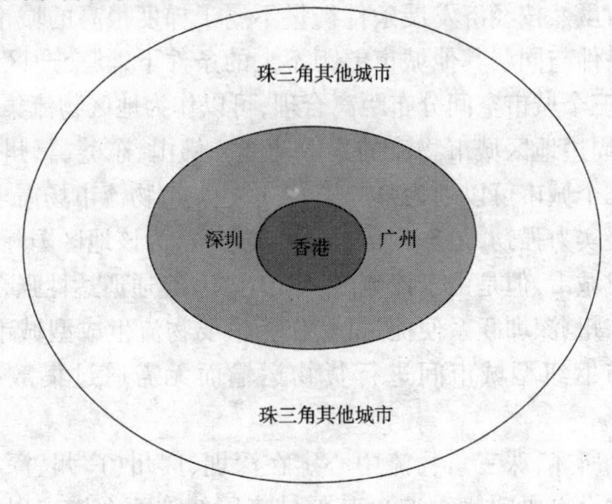

图 4-4 珠三角城市物流发展梯度示意图

珠三角地区物流主要在珠江流域,根据历史数据的分析以及近年经济发展状况和珠三角地区的交通研究,将珠三角地区物流园区宏观布局可分为三大层次类别,香港为一层,深圳广州为第二层,其他城市为第三层。

香港在各项经济指标上要远远强于广东其他城市,作为国际性贸易、金融、航运中心的地位短期内不可动摇,已经具备了国际物流枢纽城市的条件,其物流市场供需条件、地区发展实力、交通条件和区位政策条件等优势明显,所以在规划过程中处于物流园区规划宏观布局的最高层次,即 1 类地区。

广州、深圳两城市是除香港外珠三角地区实力最强的城市,优势主要表现在对外贸易、外商投资企业数和交通条件上,通过与香港的经济、物流一体化,这两个城市具备成为全国性物流园区枢纽型城市的条件,考虑到全国经济发展不平衡的国情,这两个城市虽然在该地区属于物流园区空间布局规划的 2 类地区。

珠三角其他城市则处于该区域的 3 ~ 4 类地区,结合各类城市的实际状况及空间分布,汕头、珠海和湛江可以划分为第一子类。这些城市虽然按经济发展条件衡量不属于梯度很高的城市,但是在经济条件与同层其他城市差距不大的条件下,其交通区位优势明显,这三个城市空间分布距离合理,可以作为地区物流集散型城市,承担周边地区城市物流的集散功能。佛山、东莞、惠州、江门、和中山几个城市可以划为第二子类,这些城市物流市场需求巨大、经济发展实力强劲,是珠三角重要的城市群,为该地区国际物流的主要生成城市,但是由于该地区,城市密集、交通通达性强,各市与香港和广州、深圳联系便捷,虽然作为主要物流生成型城市,但可以直接与枢纽型城市间进行货物运输而无需通过集散型城市中转。

综上所述,珠三角物流中心定在深圳、广州(广州、深圳的物流园区建设也要围绕香港),其他城市围绕这两个城市以及香港来发展当地的物流经济,广州、深圳在建立物流园区时不仅要从整个珠三角去考虑物流园区的规划,上游要考虑香港的物流发展规划,而且也要考虑下游周边其他城市如何提高物流运作效率。

4.3.2 优势互补整合珠三角航空物流资源

目前在珠三角地区有5大机场:香港机场、新白云机场、澳门机场、深圳机场、珠海机场。广州新白云机场的定位是"崛起中的亚洲新枢纽机场,全力打造世界级物流中心",而距离广州新白云机场不足150km的深圳机场也提出要建立华南地区航空货运中心的目标。同时,珠海机场也加快了投资物流的步伐,设想是将珠海机场建设成为国际航空货运枢纽港,而一直处于珠三角中老大地位的香港机场,一直是亚洲的航运中心,其在航空业界的地位显而易见。

(1)香港机场:优点是国际航线密集,香港机场130条航线中,100条是国际航线,在运营国际航线方面有独特优势,拥有丰富的物流及货运管理经验,繁多的物流支持服务及宠大的本地转运市场,而且作为亚洲航运中心,客货源十分充足,并且操作现代化,运输时间短。客户服务水平高。但是由于受机场土地局限,香港机场在仓储、物流、场地等硬件设施不能扩展,其航空货运能力日渐饱和,而且其国际航线中的旅客主要来源于内地,将来面临着国内新白云机场的强烈竞争。

(2)新白云机场:随着新机场的投入使用,制约着机场的场地和设备瓶颈已经打开,硬件设施堪称一流,占地15km^2,未来可能的拓展空间巨大,并且背靠着广大的珠三角腹地,客、货源绝对充足,但是在核心竞争不仅体现在机场软硬件设施上,更体现在航线网络资源、客货流量等硬指标上,目前新白云机场国际航线少,目前不到30条国际航线,入驻的航空公司与香港机场相比相对较少。

(3)深圳机场:凭借着作为货运中心枢纽机场,在老白云机场运力紧张的几年大力发展国际航空货物运输,近年货运量增长很快,建立了机场物流园区和南航深圳货运站,是分担香港机场货运最为理想的机场。缺点是地理位置不太好,周边物流网络不太通畅。

(4)珠海机场:地理位置得天独厚,其周边有 $50km^2$ 的地域可以作为货运枢纽所需的仓储及和机场相配套的珠海保税配套,并且与珠海港紧邻,可以开展具有高附加的航运和海运结合起来,而且其4E级跑道本身又可以起降世界上最大的飞机,加之每年10万架次的运营保障能力足以使其形成大规模的货运机场。并且很多机场因为兼顾物流和客运两项服务,大多数机场被客源所累,珠海机场目前旅客少反而可以成为一大优势,这样就有能力形成大规模的货运基地。缺点是目前基本上大的货运公司入驻,货运量很小,主要靠客机来进行运货。

目前珠三角已经成为世界上航空机场密度最大的地区之一,而每年空运货物不过200万t,如果各个机场相互恶性竞争,不仅不能获得好的利润,而且会造成运量下滑。所以任何一个机场都不能独占这个市场,各机场必须进行密切配合,取长补短,发挥各自优势,才能在市场上找到定位,充分发挥主港与喂给港的作用,分工合作,实现共同发展,才能获得共赢。由此各个机场应该利用各自的特点和其他机场的优势,共同培育良好的航空运输环境,使得航空运量持续增长。

香港机场由于是亚太地区极为重要的货物枢纽,拥有丰富的物流及货运管理经验,繁多的物流支持服务及宠大的本地转运市场,去年空运货物达300万t,是全世界最为繁忙的机场,所以战略也应该是从参与国际竞争的角度出发制订,其竞争对手主要是新加坡、曼谷、吉隆坡等机场,应该继续大力发展国际航线和国际运输,并且通过投资或者合作的方式与深圳、珠海等机场共同开拓珠三角地区的国际航线或者经香港机场中转运输，甚至将其中一部分不是特别重要的航线转移到深圳或者珠海机场，甚至可以把深圳、珠海机场等规划为航空物流基地，借鉴国外成功发展经验，提供以货物航空运输、仓储、多式联运、清关到配送、商品检验和简单加工等增值服务的“一站式”服务模式。并且借助香港机场临海的优势积极策划香港机场水上快速通道，改变目前珠三角航空货物只依靠陆路运输的单一模式，实现航空货物的海空转运，并以此为桥梁和纽带，使深圳机场、珠海机场和香港、澳门机场资源共享，共同来开拓国际市场。

深圳机场则将自己目光和主要精力放在国内支线，发展更多的小型飞机接通内地航线，并且努力开拓市场争取更多的国际航线，此外通过与香港机场合作，发展经香港机场中转的国际运输。另外深圳机场要尽快建设机场第二条跑道，满足深圳地区日益增长的航空需求。

广州机场远期规划能力基本上可以到达香港机场的水平，而且其发展目标会与香港机场发生强大竞争，目前应该扩大其枢纽地位，积极开拓更为广阔的国内航线，形成辐射华南、带动整个珠三角的航空运输中心，国际航线上继续发展国际客运航线上，不断改善服务水平，充分吸收珠三角腹地的旅客。另外通过整合，各机场分工合作，不断扩大市场并且逐步降低航空运输的成本，并逐步获得更大的市场份额，最终获得双赢。

珠海机场则积极配合香港、澳门机场，利用其良好的基础设施和地理位置优势，发展海空联运，在激烈的竞争中，获得更好的市场份额。

4.3.3 利用“龙头与喂给”模式整合海港型物流资源

多种类型的物流园区在规划建设之初都是以所在城市的经济发展水平为依据的，但是物流是个巨大的网，必须从全局的角度去思考规划问题。否则就会造成园区覆盖范围和功能定位的不一致。目前珠三角地区(含港澳)港口超过60个,形成了海港、河港,商业性港口、专业性港口相配套的港口群,海港主要有香港、深圳、珠海三大港口,河港则有广州、中山、江门、虎门、佛山、肇庆等,除了深圳港、广州港和珠海港之外,其余均是中小港口,大都是香港的喂给港。目前,香港国际航运中心的功能正在向珠三角扩展,珠三角正形成以香港为中心,深圳、广州港为枢纽,其他中小港口为补充的竞争新格局。所以各地方为了竞争,纷纷上马建设港口码头,纷纷建设海港型物流园区,深圳规划了西部港区物流园区、东部港区物流园区,广州黄埔国际枢纽物流园区、南沙(国际枢纽)物流园区,佛山南海三山国际物流园区,东莞虎门港物流园区,中山火炬区国际物流园区,江门则建立新会港物流园区、江门港物流园区、台山鱼塘港物流园区。目前已经完成规划并开始建设的海港型物流园区有10多个,各个地区都在尽力挖掘海洋资源,惜投入巨资加快港口码头的建设,以此为地方经济的快速发展提供保障。

各港口的功能定位在规划建设之初虽没有相互重叠,但是由于各港口相距很近,随着各码头的建设投入使用、影响的不断扩大以及业务量的增加,各港口的竞争越来越激烈。目前由于珠三角地区航线逐渐密集,其竞争力越来越强,相反,香港码头由于其操作费用居高不下,其增长速度正在逐年下降,因此需要在珠三角范围内加快整合力度,各地的港口建设应该做好科学规划,各港口合理分工,充分考虑深圳、广州的经济实力和经济特点,结合珠江流域的特点,大力发展以广州、深圳枢纽港为龙头,其他珠三角各港口作为支线港、喂给港,避免珠三角港口群的资源浪费,重点建设广州、南沙、深圳等港口及其在其基础上发展起来的物流园区(不包括香港地区),提升其港口的现代化水平,提高其货物集散能力,扩大港口吞吐能力,增强在世界港口中的地位,其他港口则发展成为支线港或者喂给港，目标是既要满足广州、深圳经济带国际贸易出口量的增长和珠三角其他城市进、出口的需要，又可以降低进出口操作费用，降低物流总费用。

香港因为拥有深水港而作为世界一级集装箱港口，是全球供应链上的主要枢纽港之一，约有 80 家国际航运公司，每周提供超过 400 班集装箱货轮班次，往返全球 500 多各目的地。但是目前其地位正遭受深圳港的威胁。2004 年，深圳港标准集装箱吞吐量超过 1 300 万箱，已经超越韩国的釜山港，居世界第四位。深圳经济一直保持快速增长，而深圳码头的发展滞后于经济的发展，目前深圳港口由两大组成部分组成盐田港、蛇口港。盐田港是深水港，近几年发展迅猛，目前正努力提供国际航线较为完善的服务，蛇口港由于自身的服务与国际水平有一定差距，以及其地理位置的限制，收费较盐田港低廉，而这也正为廉价的工业产品生产商提供了另一选择，因此大力发展散杂货集散、中转、拆拼箱、组装加工、转运和配送等以解决深圳重工业发展的需要。另因西部港区不能满足集装箱货物的快速发展的需要，深圳市政府正在规划建设大铲弯港区，大铲湾的修建可以解决珠江东岸历史上没有大型码头的现状，改变珠江东岸集装箱货物进、出口方式，提高运输效率。

据资料显示，2004 年广州港货物吞吐量完成 2.15 亿 t，比 2003 年增加 4 331 万 t，同比增长达 25% 以上，货物吞吐量位居全国港口第三，广州港自 1999 年成为中国第二个亿吨港以来，经过短短 5 年时间，货物吞吐量已经翻了一番。广州港目前进口货物仍以能源（石油、煤炭等）及原材料（木材、钢材等）为主，主要是散货，出口集装箱则需要靠汽车、货船中转到香港，然后运到世界各地，大大地增加了物流费用。其他城市如东莞、佛山出口货物也是如此，所以目前规划建设的南沙国际物流园区所在的南沙港，由于其毗邻广州重工业区的地理优势，他的投入使用将对广州地区的重工业比如化工、钢铁、造船、汽车等产业的运输产生极大影响，南沙港将来很可能成为一个“汽车港口”。而且会对周边中山、顺德地区等工矿企业和农业带来很大的益处,虽然会和香港、深圳港有很大的重叠,但是考虑到珠三角地区的适箱货物的增加,以及该港口的建设可以对整个物流的费用降低会起到积极作用,将来可以吸引东莞、佛山、江门等城市港口作为其喂给港,加上周边有多条高等级公路干道如出海通道、广珠高速、虎门高速、南部快速干线等和港口相连,以及广州地区良好的公路、铁路运输干道和广大内陆地区相联系,具有良好的集、疏、运系统,可以吸引大量的内陆货源和开展海铁联运和海公联运。所以应该尽快发展。

4.3.4 建立信息平台整合信息资源

物流园区信息平台的建设就成为物流园区建设的一个重要环节,如何减少信息传递的环节和流程,力求以最短的流程、最快的速度、最小的费用,将信息传递出去,成为园区物流资源整合的关键问题。目前珠三角物流园区缺乏完整的信息系统的支撑,园区目前只是通过招商引资引进一部分货物流量较大的企业,通过企业物理实体上堆放在一起,来共享运输资源和仓储资源,但是由于物流企业自身的封闭性和其他企业信息保密性,虽然在一个园区内,但是相互之间互不了解,仅是一些少量的公共的物流设备在个需要企业之间得到共享,关键的订单信息、需求信息等高层次的信息没有共享。企业之间联系还是靠先前建立的供应链来合作处理业务,信息封闭,很多园区公共信息、公共设施同样没有得到共享,园区之间信息共享更是少。如果园区信息系统可以为公用信息及时交换和共享,为用户提供在线的物流交易环境和政府职能部门的“一站式”服务的集成环境,为政府提供行业管理决策支持,进行各系统平台之间的接口建设,并且拟定相对规范的数据规范和数据传输、数据汇总、异地出货、异地签单、分支财务处理、财务结算等功能,并且可以为货主提供基于互联网的询价、订舱、车货跟踪、提单查询、报表生成等全天候的自助服务功能，既可以保证在园区内各企业间进行信息交流，又能和园区外企业、政府部门的信息系统对接。这样才真正的实现了物流园区的功能及物流园区不仅仅是一些物流组织和物流设施的简单堆集，实现物流资源在专业化物流企业和其他产业组织之间及时共享。因此物流园区信息平台建设尤为重要。

建设物流园区住处平台首先要确定信息平台的体系框架，大体分为公用信息平台和作业信息平台。其中作业信息平台是针对具体某一类企业或某个各业的实际业务流程，按照业务不同可以分为运输企业、货代企业、第三方物流企业、仓储企业、制造商、批发商、零售商等等，它是整个信息平台的基础，功能包括：客户管理，基础数据采集、整理、传输、储存、统计和和分析，订单的电子化、自动化传递，物流服务的全过程监控、调度和管理，并且把基础模块打包，作为一个最小单位，每个公司根据自身的需求选择模块，模块在设计支出留有标准接口，模块间可以重新组合，这样就可以统一、规范园区基础数据，为共享信息平台数据的发布和数据的整合打下基础，如果数据不规范、不标准，将对整个信息系统的建设带来很多重复劳动，但是由于物流企业作业流程不是完全一样，所以只有从基础功能模块上规范各个模块。具体的大概可分为条码数据采集及传递模块、射频数据采集管理系统、仓储管理系统、配送管理系统、运输管理信息系统、货代管理信息系统等，并且在整个系统下制定一套的条码应用系统，可以在整个供应链范围内使供应商、第三方物流公司、仓储、配送、运输企业可以从条码系统中读出需要的数据，并且实现数据自动传递。并且每个企业数据有一定的独立性，在操作过程中出现的各种数据存储在各个企业的局域网内，保证数据的独立性和安全性。

共享信息平台则是指物流园区进行信息化的神经中枢，是实现物流各主体之间进行信息交换和处理的中心，可以为园区内企业提供信息发布、信息整合、系统优化、系统托管的物流园区各公司或企业物流相关信息的收集、发布和传递等，具体应该包括仓储服务提供、运输车辆信息发布、货运代理业务服务等，而且其基础数据来源于作业信息平台产生的外部需求，通过基础功能子系统与其他物流园区、港口、机场、铁路车站以及其他交通运输、检验检疫等政府部门相连，以此为园区企业提供一种区内、区外信息沟通的技术手段、建立一套完整的公用数据采集、分析、处理系统，并且支持物流企业及政府相关部门对相关部门共有信息平台的需求，对不同用户的需求提供相应层次上的信息。具体功能包括发布信息、整合信息、优化模型和应用系统托管服务等，各企业根据自身需求不同可以得到不同的服务。

由于物流活动涉及的层面很多，而物流园区又有一定的层次性（物流园区、物流中心、配送中心），很难在一个园区内完全实现所有功能，势必要求园区内企业要和其他园区、配送中心和企业、政府部门进行数据传递。因此在设计物流园区信息平台的时候，一定要给物流中心、配送中心的数据交换留出接口。他们之间以及物流园区之间可以采用比较流行的 XML 进行数据交换，政府部门、银行、海关等可以利用目前使用的 EDI 技术来实现数据的传递、单证的传递。

4.3.5　加强珠三角物流园区集疏运系统的建设

（1）统一各地公路运输政策，充分发挥市场调节作用

由于我国特殊的历史原因，各种物流资源分属不同的地区、部门和行业，相互之间壁垒森严，在道路运输资源方面尤为明显，目前各级政府都在招商引资修建各种等级的公路、桥梁，由于是地方政府所修，所以在车辆通行方面就有一定的地方保护政策，比如严格控制外地车辆进入市区，外地车辆缴纳更多的路桥费用，有些甚至不经主管部门同意，私自收取各项费用，这些政策不仅大大影响

了物流效率、物流成本,给运输成本带来了很大的不确定性,所以应该尽快实现整个珠三角运输政策的一致性,同时给予市内、市外,国内、国外运输企业同一种待遇,完全靠市场经济体制来调节各种经济行为,不要有太多的行政干预。尽快实行车辆通行全国统一政策,至少是相邻省市的统一政策,避免有的地方法规凌驾于国家法规之上的政策,使车辆保持一样的固定成本来进行竞争。

尽快推广珠三角地区甚至全国公路收费制度改革,统一实现养路费年费制,并通过征收燃油税的方式来调节,实现全部高速公路的免费制度,避免暗箱操作以及信息不对称造成物流的成本波动,降低运输成本,从而降低整个社会的物流成本。促进大、中运输公司尽快进行整合,扩大规模,提高运输服务的水平。

(2)打造珠三角各城市快速运输通道,扩大港口的内陆腹地

在国内不同运输方式的联运方面应降低进入门槛,简化操作手续,完善综合运输条件,形成公路、铁路、水运相互配合的,能够适应现代物流发展需要的综合运输网络。在现有高速路的基础上,构建以广州为枢纽建立连接珠三角各地高速公路网,并且实现珠三角城市和广州之间两小时运输圈;同时利用广州在全国铁路枢纽的重要地位,大力发展珠三角地区铁路运输业,把铁路作为一个纽带,加快铁路线与公路网络、港口、码头的联系,让铁路线深入码头,以充分利用和发挥铁路运输强大的集疏功能。比如深圳的东部物流园区、西部物流园区,广州的南沙物流园区和黄埔(国际枢纽)物流园区在近期规划中,应该打通各种运输方式之间的联系,把港口覆盖的范围扩展到更为广袤的内陆腹地。深圳东部物流园区,虽然已经有平盐铁路通往盐田国际,但是由于规划不到位,目前作用很小。究其原因,是因为平盐铁路(私营铁路)和国铁在交汇处(平湖南编组站)不能高效地互换车辆,以及盐田火车站吞吐能力不强,另外还有更深的管理体制方面的原因,所以海铁联运项目一直不乐观。西部物流园区运输通道条件更不理想,虽

然有平南铁路，通往西部港区，但铁路仅通向蛇口码头，无法将其他的港口和铁路网连接在一起，很难沟通港区和平湖物流园区之间的联系，所以应该尽快整改平湖物流园区与深圳东部物流园区、西部物流园区的铁路通道，以及相应的场站设施，使铁路直接和码头装卸线连接起来，港口集装箱直接吊装到铁路货车上，然后经过平湖南编组站（可以考虑增加铁路货运功能），这样不仅可以促进平湖物流园区的发展，也能极大提高东西港区疏运能力。其他物流园区如黄埔（国际枢纽）物流园区等在规划建设时也存在同样问题。

第5章　珠三角物流园区的经营管理

物流园区是物流管理系统化、物流技术现代化发展到一定阶段出现的一种物流组织形式,或者说是物流节点作业活动的空间聚集体,一般是在政府规划并支持下,为实现物流规模化和服务系统化,而将多种物流设施和多家物流组织单位在空间上进行集中布局,并承担物流业务的场所。其构成基本要素包括物流服务的主题即物流服务的组织者、物流作业的处理对象、物流设施及技术手段、物流相关信息等。因此物流园区既是现代物流体系中一种重要的物流组织形式,也是城市化发展中交通运输组织、信息组织、产业整合、资源整合等经济功能的协调区。本章主要针对物流园区的经营管理问题展开研究,以期为今后物流园区的发展提出参考和建议。

5.1　现代物流园区经营管理的职能及发展特征

5.1.1　物流园区经营管理的基本职能

日本在物流园区的宏观规划中,首先按经济特性将全国分为八大物流区域,进行区域间物流和区域内物流的分类。在各区域建设物流设施、整合物流资源,形成物流团地(物流园区)和全区域的物流网络,然后将区域间通过干线运输(高速铁路、高速公路和近海运输)的连接形成跨地区的物流系统,最后形成全国范围的物流体系。在这个物流体系中对物流团地(物流园区)的基本定位是:物流团地(物流园区)是有效综合物流资源,实行物流现代化作业,减少重复运输,实现设施共享,建立一体化、标准化的中心节点。通过物流团地(物流园区)的高效作业,达到四方面的效果:

(1)实现物流规模化,使设施的大型化(车辆等运输、装卸工具)成为可能,有效地提高运送、装载效率。

(2)推进装卸搬运机械化和自动化,降低装卸费用。

(3)有效使用运输工具,减少重复、交错运输,提高运输效率,降低能耗,减少社会道路占用面积等。

(4)建立一体化的输送体系,设置标准化集装箱和托盘的流转基地,包括低温冷库、特种仓储设备基地的设立,把各地运输公司导入整体运输体系,实现设施共享,达到生鲜食品、特种商品的运输现代化,进而促进物价的稳定。

物流园区的发展目标从政府的角度看,是希望通过园区建设,实现对物流企业的有效管理,促进、带动物流行业的发展,进而带动城市经济增长;对于物流园区的开发商来说,总是期望获得满意的投资回报,围绕这一目标,开发商进行招商引资、增加市场知名度、提高客户吸引力、扩大交易规模等各项工作;从园区物流企业角度来看,则希望利用园区的优惠条件、较好的经营环境开拓业务,降低经营成本,实现企业自身利润的最大化。因此,尽管物流园区的建设和发展具有多目标性,但站在经营管理的角度,整合现有物流资源,提升园区内物流的组织化、国际化程度,引进先进的物流管理理念与技术,提升总体的经营管理水平,实现园区建设的经济功能和社会功能,则是园区作为一个实体的整体发展目标。园区经营管理的主要职能体现在以下几方面:

(1)汇集并整合物流企业的资源,发挥企业之间的功能互补作用,开展物流服务,为生产企业组织供应和销售物流运作,为消费者进行物流配送服务,为物流中转提供服务。

(2)园区通过基础设施和信息平台建设,以及统一的物业管理、完善的生活服务，为园区内企业及员工服务。降低企业经营成本，提高企业经营效益。同时，制订管理规范，约束园区内企业的经营行为，协调企业之间的矛盾，协调和稳定市场秩序。

(3)园区管理在一定程度上还代表政府，监督有关法律法规的执行，营造公平的竞争环境，同时执行政府有关物流业的发展规划，推动园区建设的发展。

(4)园区管理还具有不断提升园区形象，提升业务量的具体目标。通过园区自身品牌形象的宣传，吸引优秀物流企业加盟，不断提高整个园区的业务量。

5.1.2　现代物流园区的发展特征

如果我们从物流园区的定义出发分析物流园区的特征，会发现目前国内物流园区普遍具有以下特点：

(1)物流用地区域集中，形成整体的物流服务设施和物流企业集中的空间区域；

(2)较为完善的物流服务功能，能实现货物运输、分拣包装、储存保管、集疏中转、信息服务、货物配载、业务受理、通关保税等物流服务功能；

(3)集中了众多的物流企业，企业之间功能互补，以整合资源发挥整体优势，实现物流服务的系统化和综合化；

(4)统一的园区管理，由于园区用地、基础设施，甚至信息平台由园区内物流企业共享，因此大多园区管理机构实行统一管理；

(5)园区一般由政府规划建设，为吸引物流企业进入园区，物流园区一般都享受如土地使用、税收、贷款支持等一定的优惠政策。

随着经济和社会的发展，物流园区在发展过程中不仅需要逐步完善对货物的加工、装配、包装、信息处理，以及与货物进出口相关的海关查验、为客户提供生活服务等更宽泛、更全面的功能。在先进的物流园区,基础设施、经营环境、功能作用也已经成为评价其所在地区经济发达程度,以及是否具有发展潜力的重要指标,同时向物流服务多元化,与生产、销售领域相结合,并与环境协调发展的方向,现代物流园区的发展特征体现在:

(1)现代物流园区具备丰富多样的物流运作设施。在世界上先进的物流园区内,现代化高架仓库、数字化管理的专业化仓库、可以进行加工包装提供增值服务的仓库是其典型的物流运作设施。如德国布莱梅物流园区内专门为大型销售企业 TSCHIBO 服务的配送仓库,负责接受 TSCHIBO 从不同供应商订购的商品入库、分类上架,按照 TSCHIBO 客户订单,选货、包装、出库发送,所有活动在信息系统和自动化设备支持下采用流水作业;多尔鹏物流园区内的纸张再加工仓库,专门为 NORDLAND PAPER 大型造纸厂服务的,仓库的建筑设计、纸张切割流水线的设备购置以及仓库管理信息系统的开发,完全按照客户的需求,在仓库内为造纸厂进行纸张切割、包装,为客户提供量体裁衣的增值服务。除此以外,许多物流园区还有冷藏集装箱堆场、危险品箱堆场、特种箱堆场,以及修箱等基本物流运作的设施。

(2)现代物流园区有集中多种运输设施。物流园区必须至少与衔接两种运输方式,如公路运输与铁路运输或陆运与水运等,有些物流园区还创造了包括内河航运以及航空货运、公路运输、铁路运输等多种运输方式并存的运输条件。如德国布莱梅货运中心不仅连接高速公路,还与布莱梅机场,以及流经布莱梅市到布莱梅港的威悉河内河航运实现了运输联结。在多尔鹏货运中心内部就拥有铁路运输、公路运输、内河航运三种运输方式,还建设有可以利用的公铁联运站,保证集装箱能够在货运列车和集装箱卡车之间的直接换装。

(3)现代物流园区服务功能综合化。先进的物流园区不仅有运输、仓储等传统物流服务企业落户,还有大型的货运代理公司、联运公司、计算机应用系统开发公司进驻。我国发展运作相对较好的一些物流园区,区内还有海关、金融、保险等部门的工作点。在德国,这些不同类型的物流企业之间的紧密合作所形成的合作效应非常明显,在进驻园区的企业中,虽然有从事全球化物流服务的大公司,但大部分是提供部分物流服务的中小型公司,它们以诚信、伙伴关系、双赢等合作理念为指导,密切合作,以市场需求为核心整合资源,结成了物流园区多元化服务功能,加上海关、金融、保险等公共服务功能,使物流园区能够为"物"的流动提供多样化、系统化的综合服务。

(4)现代物流园区所服务的客户更为广泛。物流园区良好的物流设施和服务功能,增强了物流园区的辐射能力,能更充分的拓展服务对象和客户。物流园区优良的服务条件,既吸引了大批物流服务供应商的进驻,也吸引了其他工商企业直接在物流园区的落户,开展加工和流通业务,形成了物流园区物流服务供应方与物流服务需求方之间的战略伙伴式的合作关系。如德国大型汽车制造商:大众汽车、戴姆勒-克莱斯勒,化工企业 BASF 等,它们直接在物流园区开设生产厂区,由物流园区中的物流企业为其提供零部件、原材料的供货、装配,以及产成品的储存配送服务。这种供求双方间的合作,既保证了社会物流资源的充分利用,使物流服务供应方拥有一定的客户群体和稳定的市场份额,而且使工商企业能够专心于其核心业务的研究开发和生产,降低了生产和流通成本,巩固和吸引了工商企业自身的客户。

(5)现代物流园区必须坚持可持续发展策略,符合环境保护与生态平衡的要求。物流园区具有贯彻环保政策、采取具体环保措施的责任和义务,物流园区的环保工作主要体现在以下三个方面:首先是物流园区绿化和生态平衡面积的规划和建设;其次是园区内部污水及有毒垃圾的处理设备的配置;第三,在物流园区的物流与运输组织中,优先考虑采用环保型的方案,提倡公路、铁路、内河各种运输方式间的联合运输,鼓励由铁路和内河航运承担中长距离的运输,减少公路废气污染,节约能源。同时,通过物流园区对物流服务的联合组织,提高运载工具的使用率,减少交通量,从而降低物流对环境影响的压力。如德国的物流园区为了保证充分利用集装箱铁路和内河运输,物流园区既设法建造铁路线、内河航道等基础设施,还在此基础上,与具备集装箱列车的铁路运输公司和拥有集装箱内河船舶的船公司开展合作。

(6)政府参与物流园区的建设,专门的法人单位从事物流园区的经营公路。政府建设物流园区的目的是为了促成物流服务公司经营地点集中化,运输组织集约化,提高基础设施利用率,减少城市交通量,降低物流对环境的影响,创造就业岗位,更有效地为工商业服务,带动地区经济的增长。政府的支持主要体现在土地的规划、政策的制定和资金的投入上,政府依据相关法律对物流园区的基础设施(场地、公路、铁路线等)进行投资和建设。

园区的经营管理则由专门成立的独立法人承担,既为园区内企业提供各项服务,在一定意义上也监督园区内的企业行为,协调区内各种关系,对外宣传提升园区整体形象,推动园区的发展。如在德国每一个物流园区由一家有限责任公司来经营,这些公司的股东构成中,不仅有所在城市和州的政府部门,也有地区经济促进会、工商会等公益性组织,还有私营物流企业。由不同股东共同参与的物流园区有限公司,公平、公正地开展物流园区内企业之间的协调发展,以及与政府等部门之间的协商对话工作。德国各级政府对物流园区基础设施的建设有资金投入,但并不直接参与物流园区的经营活动,而是通过参股的方式,加入物流园区的经济责任单位。

(7)组建跨区域的物流园区联合会 。如德国 1993 年成立了德国货运中心(物流园区)联合会,有 21 名会员,33 个货运中心(物流园区)中有 22 个是联合会的会员单位。它同时是欧洲货运中心(物流园区)协会会员。该联合会是所有会员单位利益的代表,从事经验和信息交流、协调合作、咨询服务;同时,进行公共关系、市场营销等工作,使德国物流园区对外有一个统一的形象和交流的窗口。

5.2 珠三角物流园区的管理及盈利模式

5.2.1 国内外的经验借鉴

日本是最早建立物流园区的国家,自 1965 年至今已建成 20 多个大规模的物流园区,平均占地 $74hm^2$;具体实例如建设较早的日本东京物流基地是以缓解城市交通压力为主要目的而兴建的。在运营管理方面,日本政府则采用“官民协力”的方式,宏观上统筹调控,微观上自由放开,物流园区用地由政府收购,以低价转让给物流协会或类似的中间团体,组成管理委员会进行经营管理、改造更新。其中,涉及国民生活的食品类团地,则由农林省委派专人或地方政府长官担任管理机构董事长。采取的具体措施有:

(1)政府牵头确定市政规划,在城市的市郊边缘带、内环线外或城市之间的主要干道附近,规划有利于未来具体配套设施建设的地块作为物流园区。

(2)将园区内的地块以生地价格出售给不同类型的物流行业协会,这些协会再以股份制的形式在其内部会员中招募资金,用来购买土地和建造物流设施,若资金不足政府可提供长期低息贷款。

(3)政府对已确定的物流园区积极加快交通设施的配套建设,在促进物流企业发展的同时,促使物流基地的地价和房产升值,使投资者得到回报。

在德国,政府对“货运村”这类物流园区的规划和建设则遵循:联邦政府统筹规划,州政府、市政府扶持建设,公司化经营管理,入驻企业自主经营的发展模式。如布莱梅物流园区于1985年开始建设，州政府通过直接投资和土地置换的方式对物流园区投资，物流园区目前分5个区域，现有52家物流企业入驻，其中14家企业较大，并按资产组成物流园区股东大会，下设物流园区发展公司。园区公铁联运装卸站占地20hm^2，9条铁路线，每条750m，区内铁路线长8km。物流园区由企业和政府部门组成监事会，负责监督股东大会，州政府不干预物流园区的经营，物流园区发展公司也不介入企业的经营活动。德国物流园区发展模式的主要特征如下：

（1）联邦政府统筹规划。联邦政府在统筹考虑交通干线、主枢纽规划的基础上，通过广泛调查生产力布局、物流分布状况，根据各种运输方式衔接的可能性，在全国范围内规划物流基地的空间布局、用地规模与未来发展。交通主管部门还对符合规划的物流园区给予资助或提供贷款担保。

（2）州政府、市政府扶持建设。物流园区对地区经济有明显的带动和促进作用，因此，在物流园区的建设和运营过程中，州及地方市政府经常成为主要投资人。例如位于德国中部图林根州州府Erfurt市郊的图林根物流园区，其建设投资比例为：市政府占42.5%，州经济开发部占35.5%，联邦铁路〔DB〕占14.7%，行业协会占7.3%。

（3）企业化经营管理。负责管理物流园区的有限公司受投资人的共同委托，负责基地的生地购买，基础设施及配套设施建设，以及基地建成后的地产出售、租赁、物业管理和信息服务等，主要侧重于平衡资金，实现管理和服务职能。

（4）入驻企业自主经营。入驻企业自主经营、照章纳税，依据自身经营需要建设相应的库房、堆场、车间、转运站，配备相关的机械设备和辅助设施。

从国内其他地区物流园区的发展经验来看，采取“政府规划，企业化开发和经营”的方式成功运作的案例比较多，即开发建设与经营主体的多方融合模式,由政府联合众多投资者进行物流园区的开发建设,物流园区的经营管理机构也由多方主体共同组成,本着开发建设与经营管理分工明确,遵循市场化运作的原则,按照《中华人民共和国公司法》的规定对物流园区各项工作进行规范的管理。如国内比较成功的上海外高桥物流园区和苏州工业园物流中心(园区)。

上海外高桥物流园区按照现代企业制度组建了上海外高桥物流中心有限公司,专门负责物流园区的开发建设、招商引资、项目经营和营运管理。公司注册资本4亿元,其中上海港务集团投资45%,外高桥集团公司控股55%,是物流园区开发建设、项目经营、服务营运的主体,开展针对性项目引进、提供个性化优质服务,汇集了一批具有世界性经营网络和强大供应链管理能力的物流服务供应商,通过区港联动,形成保税区、港区和国际物流产业的良性互动,提升了口岸增值能力,园区运作良好。

苏州工业园物流中心(园区)由政府规划,成立"苏州物流中心有限公司"按企业化运作对园区进行开发和管理,社会效益和经济效益都比较明显,属于国内相对比较成功的物流园区。

5.2.2 珠三角物流园区管理模式探讨

物流园区的管理模式是指物流园区为实现发展目标而采取的决策、组织、管理形式。目前珠三角地区多数物流园区的开发建设都是以"政府规划、物流企业主导"模式为主,园区缺乏按市场运作的统一管理机制。政府规划有些是先规划好园区(确定用地)然后把场地批给企业开发建设,如深圳平湖物流基地,由龙岗区政府成立物流园区规划领导小组,确定可开发利用的土地区域,再把地批给企业开发建设,如基地内占地1km^{2}的华南城,以及华润万佳配送中心等项目都是由企业自主开发建设的;也有一部分物流园区是政府在已有物流企业聚集的地区规划物流园区,然后引导更多的物流企业进园来参与开发建设,如深圳笋岗－清水河物流园区,就是由罗湖区政府成立园区规划办,在区内原有物流设施和企业的基础上,引导企业按政府的规划目标入园开发建设新的物流项目。这种模式相对来说企业之间的联系较松散,缺乏资源整合的有效机制,也不利于提升园区的整体形象和竞争力,规模效益难以实现;另一方面,物流企业往往从自身利益出发,在征用的土地内独立开发建设,不利于园区的统一规划。虽然从企业自身来讲,其用地以及组织管理相对合理,但是从整个物流园区的角度看,各个物流企业独自成体系,可能出现各种用地(仓储、工业、办公、居住等)犬牙交错的格局。

珠三角物流园区的管理运作建议采取“政府规划引导,企业化经营管理”的模式,这种模式的主要特征体现在:

1)政府规划引导。政府在采取这一模式时,应加强对这一模式引导,加强园区规划管理的力度,通过一定的方式使物流企业从整个园区的角度来开发建设征用的土地,严格按照土地使用性质进行开发,避免园区土地利用的混乱。此外,在港口、保税等类型的物流园区,由于其对战略性资源或政策性资源的垄断使园区经营处于供方市场,政府也便于调控和引导。而对其他类型的物流园区,政府的主要作用和调控方式则主要体现在对土地的规划和审批,以及有些其他的相关政策等方面。

为加强对园区的规范管理,政府可成立类似物流园区管理委员会等机构,管委会由政府派出,主要职责是:代表政府统一负责园区的规划、建设、政策制定和入区企业的管理等项工作。也可以由物流园区管理企业代行园区管委会的职能。除此之外,还可以建立物流专家指导委员会,为物流园区的建设进行科学指导、监督;促进园区与国内外的联系与协作;参与园区内重大项目的决策;参与园区管理措施、政策的制定;为园区的企业规划和设计提供咨询服务;为园区的建设和发展提供人才培训等服务。

2)企业化经营管理。在政府引导下成立类似物流园区开发建设公司的物流园区管理企业,按照市场运行机制,实行企业化经营。园区管理公司可以采取政府宏观管理与市场运作相结合的方式独立对园区进行开发建设,负责物流园区的一级土地开发和后续的招商引资,以专业化运作,按照国际通行办法,建设、管理、经营物流园区,整合现有物流资源,提升物流的组织化程度。通过与国际知名物流企业的整体与部分嫁接,引进先进的物流管理理念与技术,提升整体的经营管理水平。物流园区管理公司可以是股份制、业主委员会制、协会制和房东制,这四种方式的主要特点是:

(1)股份公司制。园区管理机构由多方出资建立股份公司,设立董事会、总经理、监事会与相关部门,按照责权利相结合的原则对园区进行经营和管理。如南京龙潭物流园区由南京龙潭物流基地有限公司负责开发经营,其主要股东方为南京市交通建设投资控股(集团)有限责任公司、南京港口集团有限公司和栖霞区国有资产管理中心,其组织结构如图5-1:

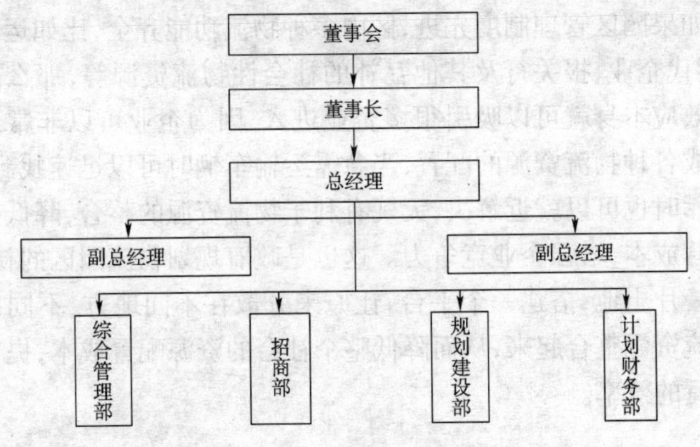

图5-1 组织结构图

(2)业主委员会制。参与园区开发建设的物流企业组成业主委员会,成为园区决策机构,组建管理部门负责具体的经营。

(3)协会制。由物流行业协会负责整个园区的经营管理,组织、协调园区企业开展物流服务。这种形式和业主委员会制的不同在于,协会所代表的物流企业更加广泛,协会只是组织者,并没有对园区进行直接投资。

(4)房东制。投资商完成土地开发、基础物流设施建设之后,把土地、仓库、办公楼、信息平台等设施出租给物流公司,投资商自己成为"房东",只收取租金,不参与经营。园区为企业提供的服务职能则由政府有关部门提供,或者委托给专业公司。

3)入驻企业自主经营。物流园区是依赖市场而生存的,没有市场需求,园区内的企业将没有生存空间,物流资源也会得不到有效利用。物流园区投入使用后,起主导作用的是进驻园区的物流企业。物流服务需求方希望通过园区内的物流服务来降低成本,而园区内物流企业则希望入园后获得尽量高的利润,两者间的利益矛盾在市场竞争中寻求一种动态的平衡发展。

物流园区的整体环境如何,也是决定企业是否进驻园区的关键。如果园区管理制度先进,区内多种物流功能齐全,比如运输公司、货代企业、报关行及其他互补的社会性物流资源等,那么这种集群效应本身就可以吸引很多企业进入,因为企业可以非常迅速地完成各种物流资源的配置,当急需运输车辆时可以迅速找到,需要仓库时也可以就近解决,无疑有利于物流资源的整合,降低企业的运营成本,增强企业竞争力。这也是政府规划物流园区的初衷:划出一片土地,搭建一个平台,让原来分散在不同地方、不同部门的物流资源整合起来,从而降低整个社会的资源配置成本,提升经济运行的效率。

5.2.3 物流园区盈利模式分析

物流园区的建设政府必须支持,但政府建成园区后还要靠入园的物流企业自主经营运作,经营成功与否,关键在于该物流园区是否具有足够的市场需求，企业能否具有一定的利润空间。物流园区的规划目标与市场目标具有很强的一致性。调查统计显示，一般取得土地需要200～300元/m^2成本；这其中包括：征地费、征地补偿费、市政资源费、耕地补偿费、土地出让金等；达到七通大约需要投入200元/m^2左右。仓储设施（普通仓库）建设大约需要投入1 500元/m^2左右；各类搬运设备、信息系统等投入需要500～600元/m^2。综合投入2 400～2 600元/m^2。如果是设施出租，提供商还要按目前国家的税收政策交纳16.5%的房地产税。这无论是对自营开发者或是物流经营开发商来说都是较大的负担。一座大型物流中心少则3万m^2的仓储面积，多则10万m^2的仓储面积，按一般流通领域通常流通商品计算，仓储面积年流动商品价值高达15万元/m^2，3万m^2年通过商品总值高达45亿元。这需要巨大的市场资源来支持仓库的运转。国外物流基地的投资收益期大约在15年左右，我国的物流园区也很难在短期内实现赢利。

日本物流园区成功且获益的主要途径来自两个方面：一是土地的升值；二是低廉的仓库租金。集资企业租用仓库的租金低于市场价格，再按市场价格出租给其他企业，政府对已确定的物流园区积极加快交通设施的配套建设，以促进其他企业入驻园区，从而使园区投资者获得回报。

德国“货运村”（物流园区）的赢利模式主要来自两方面：

(1)出租收入。政府将园区的场地向运输企业或与运输有关的企业出租，承租企业则依据自身的经营需要建设相应的库房、堆场、车间，配备相关的机械设备和附属设施并交纳相关费用。

(2)服务费。政府通过提供良好的公共设施和优良的服务并收取一定的服务费。

在我国，由于地价相对更为低廉，同时物流园区大多利用了原来的仓储设施存量，因此，理论上来说，其赢利前景应该更为看好。由于投资主体的不同（有的以政府为主，有的以企业为主），以及物流园区功能上的不一样,各园区投资者有着不同的赢利能力,回报率也不一样。但总的来说,物流园区的赢利主要来自五个方面,即土地增值、出租收入、服务费用、项目投资收益及其他收益。

(1)土地增值

物流园区所有者与经营者,均可以从土地增值中获取巨大的收益。所有者(即初期投资者)从政府手中以低价购得土地,等完成初期基础设施建设后,地价将会有一定的升值,而到物流园区正式运营后,还将有较大幅度上涨。对于经营者(即物流运营商)来说,土地的增值将能提高其土地、仓库、房屋等出租收入。在日本,运作最为成功的东京物流组团,其物流园区的主要赢利即来自土地价值的增长。

(2)出租收入

园区所有者与经营者按一定比例对出租收入进行分配。出租收入主要来自:

①仓库租赁费用。经营者将园区内所修建的仓储设施租给一些物流商、生产型企业等,从中收取租金,这是出租收入主要来源之一。

②设备租赁费用。将园区内一些主要的交通设施如铁路专用线、物流设备如装卸、运输设备等租给园区内企业使用,收取租金。

③房屋租赁费用。主要包括园区里面一些办公大楼及用作各种其他用途的房屋租金。

④停车场收费。物流园区凭借强大的信息功能,吸引众多运输企业入驻,园区内修建现代化的停车场,也将收取一定的停车费用。

⑤其他管理费用。包括物业管理费等其他费用。

(3)服务费用

①信息服务费用。这是最主要的服务费用之一。一是提供车辆配载信息,帮助用户提高车辆的满载率和降低成本,从节约的成本中按比例收取一定的服务费。二是提供商品供求信息,为园区内的商户和社会上广大客户服务,在收费方式上,采取按成交额提

取一定比例的中介费的方式；

②培训服务费用。利用物流园区运作的成功经验及其他相关优势，开展物流人才培训业务，从中收取培训费用；

③其他服务费用。包括技术服务、系统设计等服务费用。

(4)项目投资收益

对于园区所有者来说，还可以自己对看好的物流项目如加工项目、配送业务等进行投资，从中获取收益。

(5)其他收益

园区运营商还可以通过增资扩股、上市等方式获取收益。如浙江传化物流基地，该基地位于沪杭甬高速萧山出口处，总投资3亿元人民币，占地373 296m^2，其交易中心总建筑面积10 758m^2，营业用房总面积7 476m^2，交易大厅近600m^2，共三层，有300多间商务用房，已吸引超过300家物流和其他第三产业的企业入驻，其盈利主要来自场地租金，除土地外的其余支出50%来自租金收入。基地运输中心与信息中心还联合运用GPS(全球定位系统)，GIS(地理图形查询)和ITS(智能运输系统)等现代化信息技术和物流技术，对车辆进行实时追踪，以此吸引来自全国各地的运输车辆接受统一调度。园区经营收入除土地外，已实现收支平衡。

从目前国内物流园区的发展来总结赢利规律的话。我们可以看到青岛的前湾国际物流工业园吸引马士基(中国)有限公司、伊藤忠商事爱通国际物流株式会社、韩国韩进海运株式会社、香港胜狮货柜有限公司、以色列以星轮船(中国)船务有限公司等世界500强企业入驻园区加盟经营，其主要优势是陆运海运相互促进、国际国内相互贯通，为园区的发展提供了充足的货源。

义乌国际物流园区已吸引APL、马士基、东方海外、中海、中外运等国内外物流企业入驻。至今支撑园区发展的是货物吞吐量超过1 000万t/年、外贸量超过12万TEU/年的义乌小商品市场。

南京王家湾物流中心聚集物流企业60余家，国际物流业务辐射到欧、美、澳及中东的几十个国家和地区，其关键是通过运用计算机和网络通信技术构筑物流信息平台，将第三方物流、国际物流和电子商务活动进行有机结合，提高了效率，降低了营运成本。

从这些物流园区的发展中我们可以看出，立足于强大的货源市场并实现与这个市场的高度接轨是物流园区赢利的第一要素。因此在园区规划中必须以市场需求为核心，准确定位园区的发展。在园区的运作过程中，必须深刻理解和跟踪相关产业核心，以及关键客户的核心需求，从战略上确定长远的盈利目标。

5.3 保税物流园区的经营管理

保税物流园区是指以物流为核心功能，经国家有关部门审查批准设立，在海关总署领导下，由地方政府具体管理，受海关监管的境内的物流组织区域。因为我国大多数保税区具备一定的国际物流基础，如上海外高桥、天津港、深圳盐田港、大连、张家港、宁波、青岛等保税区都与港口物流自成一体，为了整合保税区的政策优势和港区的区位优势，在保税区和港区之间开辟直通道，将物流仓储的服务环节，移到口岸环节，拓展港区功能，实现口岸增值，推动转口贸易及物流业务发展，国务院于 2003 年 12 月 8 日正式批复海关总署，同意《上海外高桥保税区港区联动试点方案》，2004 年 7 月 15 日，上海外高桥保税物流园区“区港联动”试点正式封关运作。2004 年 8 月 16 日，国务院在上海试点的基础上同意进一步扩大保税区与港区联动试点范围，同意青岛、宁波、大连、张家港、厦门象屿、深圳盐田港、天津保税区与其临近港区开展联动试点，建立保税物流园区，直此我国保税物流园区开始形成规模。

保税物流园区的出现在一定程度上可以说是中央政府重要决策的结果，园区的出现不仅将对现有的国家级经济技术开发区、保税区、高新区、边境经济合作区、出口加工区等产生一定的影响，还

将进一步支持和促进中国成为世界制造中心,优化全球供应链。保税物流园区的优势主要体现在以下几方面:

(1)资源整合。保税物流园区除继续享受保税区在免征关税和进口环节税、海关特殊监管等方面的政策及港区原有的政策外,在税收政策上,还叠加了出口加工区的政策,即实现国内货物的进区退税,从而改变了保税区现行的"离境退税"方式,降低了园区企业的运营成本;园区内可以进行集装箱拆箱拼箱作业,也拓展了保税区的功能,促进了货物在境内外的快速集拼、快速流动、快速集运,带动了信息流、资金流和商品流的集聚和辐射,增加了港口的国际竞争力,整合了保税政策资源和港口物流资源。

(2)功能集成。保税物流园区将国际中转、国际采购、国际配送、国际转口贸易集成一体。国际中转是指国际、国内货物在园区内进行分拆、集拼后,转运至境内外其他目的港;国际配送是指对进口货物进行分拣、分配或进行简单的临港增值加工后,向国内外配送,如一汽集团在大连保税物流园区建立"中国一汽(大连)国际物流中心"后,2004 年从大连口岸进口 6 万多个集装箱的配件,可以根据市场需要,将部分配件先暂存于园区,然后适时就近配送,改变了以往货物进口并上税后全部转口到长春本部,再分销或配送到全国各地的状况,大幅度降低了企业物流成本;国际采购是指采购的国际货物和进口货物进行综合处理和简单的临港增值加工后,向国内外销售;国际转口贸易是指进口货物在园区内存储后不经加工,即转手出口到其他目的国或地区。保税物流园区将国际贸易和国际物流集成一体,使得国际贸易带动了国际物流的发展,国际物流又反过来为国际贸易的发展提供了物质条件。

5.3.1 保税物流园区发展中存在的主要问题

我国保税物流园区在迅速发展的过程中也存在一些问题,影

响了园区国际物流功能的发挥:

(1)国内物流市场需求没有形成规模。保税物流园区的发展根本上还是取决于园区内物流企业的生存与发展,而物流企业的发展又离不开市场需求,市场对物流服务的需求如果不能达到一定的规模,物流企业就没有生存的基本前提。其原因来自供需双方:对于物流服务的需求方来说,物流市场特别是配送物流货源的需求较大程度上依赖于企业物流从生产制造和商贸企业中分离出来,形成对专业化物流的需求,即企业物流活动从生产制造和商贸企业中独立出来,由社会物流机构对企业原材料、半成品和成品及相关信息实现高效率且经济的运输、储存、包装、装卸、流通加工、配送,以及完成这一过程中的计划、实施和控制等全部活动。目前国内许多工商企业对专业化物流服务的理解和认识不足,没有去深入探讨专业化物流服务的价值。

(2)保税物流园区服务体系建设滞后。对于物流服务的供应方来说,保税区物流企业的专业服务水平、服务能力、运作质量等方面还不具备明显的优势,大部分物流企业实质上只局限于运输和仓储业务,没有形成真正意义上的综合物流服务,加上中国物流体系缺乏信用保障机制,影响了需求。具体表现在保税区内外的物流网络缺乏有效衔接。在吸引新的物流企业进入园区的过程中,没有注意使园区内的物流网络与区外的物流网络以及腹地的物流网络很好地对接,建立紧密的协作关系;其次园区内设施条件还不能很好地满足国际物流发展的需要,建立在物流信息平台基础上的综合物流系统还不完善;物流配送企业没有形成一定的规模,社会化、组织化程度低,在物流配送的各环节上衔接配套差,服务功能不完善。

(3)保税政策优势没有得到充分落实和发挥。保税物流园区的优势在很大程度上体现在保税政策的落实执行上,而这又与海关监管制度和海关监管的技术水平直接相关。在近年保税物流园区的建设与发展中,保税政策优势的发挥还存在着这样一些问题:

第一,海关管理法制建设不健全,随着 WTO 承诺的生效,海关一些过时的法规没有及时废止,有些现行法规透明度不够,政策优势没有完全发挥出来;第二,海关通关手续繁杂,影响通关效率,海关对一般贸易进口货物是先税后放,申报、查验、征税等手续都在口岸现场完成,使大量进出口货物滞留口岸,影响了口岸物流速度;第三,"区港联动"优势还需要进一步落到实处,物流系统化程度较低。我国保税物流园区基本上实在"区港联动"的政策环境下发展起来的,进出口物流量大部分都由港口生成,虽然目前联动合作得到加强,但一体化程度还需要进一步提高;另一方面物流运作是一个系统化工程,涉及到交通运输、邮电通信、商品交易等行业和部门,保税物流的运作还涉及海关和外汇管理等部门,而目前部门分割、条块分割、政企不分的状况依然存在,适应物流系统化发展的管理体制还不健全,园区发展受到制约。

5.3.2 保税物流园区的经营模式

我国保税物流园区在向国际自由港发展的过程中,主要具备国际中转、国际配送、国际采购和国际转口贸易四大功能:

(1)国际中转功能。国际中转是对国际、国内货物进行分拆、集拼后,转运至境内外其他目的港。国际物流中转业务流程如图 5-2 所示。

(2)国际配送功能。国际配送是对国内货物进行分拣、分配或进行简单的临港增值

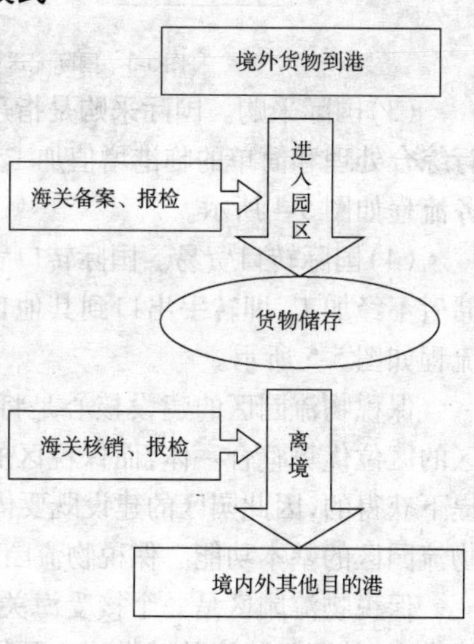

图 5-2 国际物流中转业务流程图

加工后向国内外配送。国际配送业务流程如图 5-3 所示。

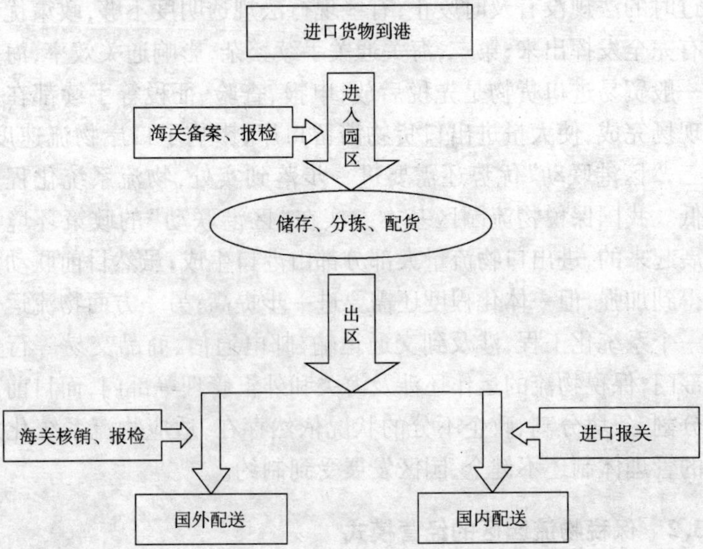

进口货物到港
海关备案、报检 → 进入园区
储存、分拣、配货
出区
海关核销、报检 → 国外配送
进口报关 → 国内配送

图 5-3　国际配送业务流程图

(3)国际采购。国际采购是指采购的国际货物和进口货物进行综合处理和简单的临港增值加工后,向国内外销售;国际采购业务流程如图 5-4 所示。

(4)国际转口贸易。国际转口贸易是指进口货物在园区内存储后不经加工,即转手出口到其他目的国或地区。国际转口贸易流程如图 5-5 所示。

保税物流园区的建设核心是将保税政策优势和物流园(港)区的区位优势整合一体,而保税区的政策优势是在海关监管的前提下获得的,因此园区的建设既要体现海关监管的特征,又要整合物流园区的基本功能。保税物流园区的集约模式如图 5-6 所示:

保税物流园区是一个接受海关 24 小时全封闭监管的国际物流中心,其国际物流基础设施主要是指与国际运输枢纽配套的运

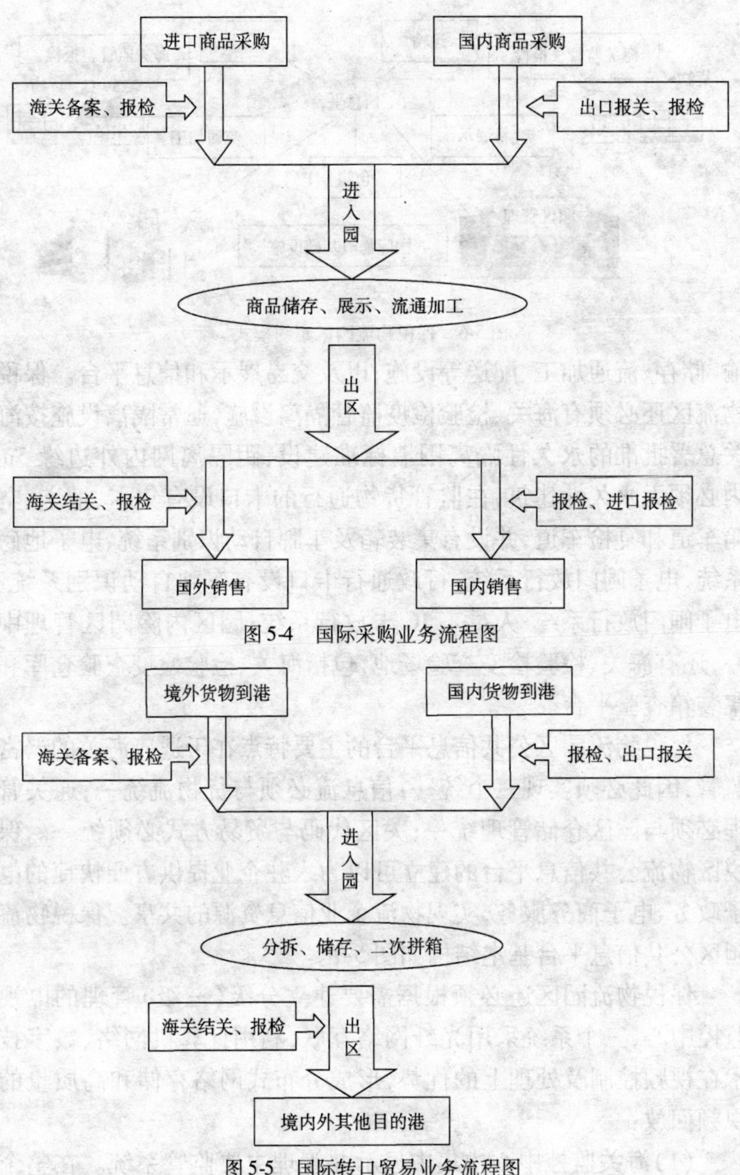

图 5-4　国际采购业务流程图

图 5-5　国际转口贸易业务流程图

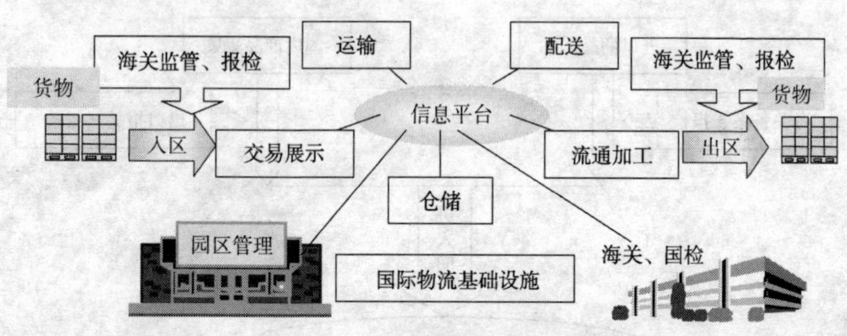

图 5-6　保税物流园区集约模式

输、储存、流通加工、配送等设施,以及交易展示和信息平台。保税物流区还必须有海关、检验检疫监管隔离设施,通常隔离设施按海关总署批准的永久性隔离围墙标准建设,距隔离网内外边缘 5m 内必须无永久性建筑,在监管货物通行的卡口设有集卡、散卡、空箱车道和复检车道,并设有集装箱及车牌自动识别系统、电子地磅系统、电子闸门放行系统;行政通行卡口设有车牌自动识别系统、电子闸门放行系统、人员工 IC 卡放行系统;园区内除园区管理中心,还有海关、检验检疫查验场地,包括海关、检验检疫查验仓库和集装箱查验平台。

保税物流园区公共信息平台的主要特点在于适应海关的严密监管,因此必须实现三个统一:信息流必须与货物流统一;通关管理必须与园区仓储管理统一;关区代码与贸易方式必须统一。保税区物流公共信息平台的建立可以为入驻企业提供方便快捷的电子政务、电子商务服务,实现物流企业信息资源的共享。保税物流园区公共信息平台基本结构如图 5-7。

保税物流园区还必须根据需要建立分级(三级)管理的电视监控中心,三个系统采用光纤网络互联,利用计算机网络、数字技术在视频控制及处理上的优势,形成分布式网络存储和高质量的视频回放:

(1)海关监控中心内集中显示并管理主要监管系统。在整个

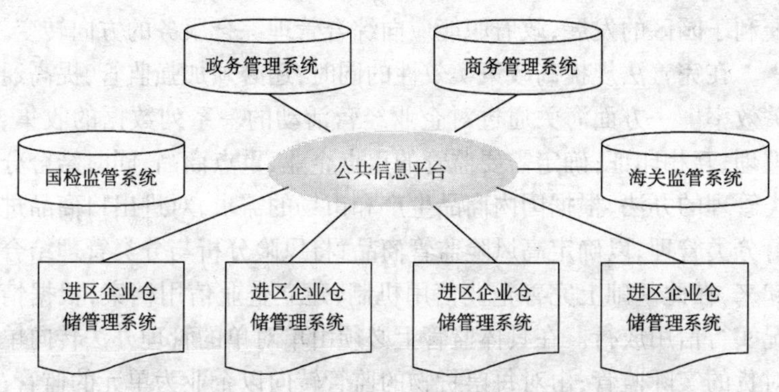

图 5-7　保税物流园区公共信息平台基本结构

物流园区围网四周、海关查验平台、卡口设立固定或带平台的摄像机进行监控，以保证园区内无视线盲区。海关监控系统海关为第一控制人，生产调度为第二控制人。

(2)园区管理调度中心集中显示并管理主要生产作业管理系统。生产调度监管系统用于监视作业区域、道路交通、重要事件和紧急情况的发生。生产调度系统中生产调度为第一控制人，海关为第二控制人。

(3)安保管理中心集中管理并显示全部监视画面。在安保控制室中，可以监控全部画面，并设有联动报警功能，用于楼宇、重要场所的安保监视。

保税物流园区实际上是在物流园区的基础上叠加保税政策形成的，因此政策环境直接决定园区的发展。随着 WTO 承诺的生效，海关必须及时废止和调整相应的法规政策，制定和推出适应市场经济和物流企业发展相关政策，同时提高执法的透明度。一方面法律条文要公开透明，另一方面执法程序和结果要透明，海关要深入企业、深入社会，通过各种形式宣传现有的政策，让企业能充分利用园区的政策优势；物流是一个系统工程，不仅海关，其他如交通运输、邮电通信、外汇管理等监管和服务部门的规定和政策也要利于园区的发展,政府职能应向综合管理综合服务的方向转变。

在完善法规提高政策实效性的同时,还必须加强监管,提高通关效率。一方面海关通过对企业经营活动的一系列数据的收集、整理、互相印证,确定需要监管的重点企业、重点商品,同时结合分类管理的办法,根据国内商品生产和市场的需求,对进出口商品进行分类管理,以确定高风险监管商品,将风险分析与分类管理结合起来,在此基础上完善企业信用机制,建立企业信用档案,根据情况实行信用放行。在具体监管上必须由单对单的管理办法转向单对货的实际监管;由对每票货物的监管转向以企业为单元的监管;由海关一家管理向相关部门综合管理的模式转变,通过对企业的经营活动的监管实现对企业进出口货物的有效监管,提高海关在监管工作中的针对性,同时降低监管成本,提高通关效率。

5.4 农产品物流园区的经营管理

5.4.1 农产品物流及面临的问题

农产品物流是指从农产品产业链的特点出发,根据现代农产品流通的涵义、特征及发展规律,农产品从供应地向接收地的实体流动过程,并根据实际需要,将运输、储存、装卸、搬运、包装、流通加工、配送、信息处理等基本功能实现有机结合。农产品物流的发展目标是增加农产品附加值,节约流通费用,提高流通效率,降低损耗,从某种程度上规避市场风险。农产品物流的基本方向是从农村到城市,因为商品化农产品的主要消费群体在城市。农产品的自然属性决定了农产品物流有不同于一般物流的特殊性:

(1)农产品是有生命的动物性与植物性产品,在物流过程中存在包装难、装卸难、运输难、仓储难等问题,比如粮食的散装运输,牛奶等制品的恒温储运,特别是鲜活农产品,对物流设施和物流过程的控制要求特别高,物流过程中不仅需要保鲜、冷藏,还需要进行防疫处理。

(2)农产品生产具有很强的季节性和地域性,大部分农产品属于季节生产常年消费、特定地域生产全球消费,因此农产品物流也呈现周期性和物流渠道的特定集散性等特点,对物流的及时性要求高。

(3)农产品需要特别注重绿色物流问题。一方面农产品在生产加工过程中需要保障食品安全,物流中的检验检疫非常重要;另一方面农产品物流中损耗大,容易造成环境污染。

我国从20世纪50年代初到80年代末,农产品基本上由国有商业部门垄断经营,市场化程度很低,农业生产和流通严重落后。改革开放以来,尽管农产品流通有了较大的改善,但农业小生产与大市场之间仍然不能较好地衔接。我国鲜活农产品的物流成本高达60%,甚至更多,一些农产品在储、运、加工和销售等环节中的成本过高是我国农产品在国际市场竞争力不强的主要原因之一。农产品流通中除普遍存在的农产品流通基础设施落后、市场体系不健全、市场环境不完善等问题外,农产品物流本身还存在着许多技术和体制上的问题如:

(1)农产品物流增值服务水平低,一方面上市产品以大宗原产品为主,加工、包装、品牌产品比例较低,导致产品在市场上失去竞争力;另一方面物流增值服务能力低,流通利润主要来自差价,而不是加工增值。

(2)市场流通模式仍处于现货交易的原始集散阶段,按照“产地收购-产地市场集散-销地市场集散-城乡商贩零售”的路径进行现货交易。订单农业、连锁经营、期货交易、代理交易、拍卖等现代流通方式还处于起步探索阶段。

(3)区域内农产品综合物流配送体系尚未成型,大规模的农产品常温物流或自然物流还在逐步形成阶段,配送成本高。

(4)流通损耗量大,浪费严重。农产品大宗物流与连锁超市生鲜区之间不能有效衔接,冷链物流尚未出现,由于常温状态下的初级农产品保鲜困难,损耗量大,给季节性和区域性调配带来无效物流,导致物流成本居高不下,我国水果蔬菜等农副产品在采摘、运输、储存等物流环节上的损失率在25%~30%左右,而发达国家的果蔬损失率则控制在5%以下。

(5)物流合理化程度低,无效物流突出。如蔬菜中毛菜和净菜销售的结果比较,100t毛菜可以产生20t垃圾,无效物流成本惊人。我国农产品物流是以常温物流或自然物流形式为主,农产品在物流过程中损失很大。有数据表明,也就是说有1/4强的农产品在物流环节中被消耗掉了。

(6)生鲜商品新鲜度和食用安全性低。农产品的生产和消费存在时间和空间上的分散性,而生鲜商品供应链管理所追求的目标之一在于其新鲜度和食用安全性。因此应尽快探讨农产品产销直送模式的供应链体系。

(7)流通信息化程度低。信息是农业物流的中枢系统,农业信息网络不健全,农户居住分散,沟通渠道不畅,许多信息难以收集、传递,信息化体系建设明显滞后。

(8)物流技术手段相对落后,具体表现在:一是交通运力不足,交通运输线路短少,农用专用线配备欠缺,总运力不足,缺乏农业运输专用技术设备,技术装备落后,农产品多为鲜活易腐货物,货运量较大,对运输设备的要求高,需要大量的专用运输工具。目前,专用运输工具极为缺乏,致使一部分易腐货物积压在产地,造成20%的货物交付前腐烂变质,高的达50%,仅此一项每年就造成损失6亿多元。二是储存条件不足。有些农产品从采购到终端消费者需要多次储存,以调节产需和供求平衡。目前,我国农业仓储容量不足,库点分布不科学、不合理,规模小,且仓型与机械装备水平低,储存方式与运输方式不适应,统一调度管理难度大。

现代物流是用系统的理念来优化商品的运输、仓储、配送等全部物流环节的资源配置,以实现物流的低成本、高效益。因此结合农业生产基地、农产品流通的基本渠道、交通运输等基础设施条件,建立具有统一组织货源,检验检疫、整理清洗、分检包装,简单加工、统一配送等内容和环节,集商流、物流、信息流于一体的现代农产品物流园区,是实现农产品物流资源的最佳配置、降低农产品物流成本、提高农产品在国际国内市场上的竞争力的重要途径。

5.4.2 农产品物流园区的集约模式

农产品产业链包括农产品从种苗培育到大田管理、农畜产品加工、保鲜直至流通、市场销售等所有环节和整个流程,在农业产业链主线上的各个环节都与其他许多产业相关联,而农业科技、农业信息和标准化等基本要素又影响着农业产业链的始终,最终形成了一个以农业生产和流通为主线的网状分布。它所追求的是形成系统内部的有机结合,通过相互促进和利益互补,实现资源的优化配置。

农产品供应链是围绕农产品流通和加工核心企业,通过对信息流、物流、资金流的控制,从农业供应物流、农业生产物流、直到农产品由销售网络送到消费者手中的将农业生产资料供应商、生产商、分销商、零售商、直到最终用户连成一个整体的功能网链结构模式。农产品供应链包含所有加盟的节点企业和农业生产者,它不仅是一条连接供应商到用户的物流链、信息链、资金链,而且是一条增值链,商品在供应链上因加工、包装、运输等过程而增加其价值,并通过增值给价值链上的每一个环节带来收益,农产品供应链基本结构如图 5-8 所示。

现代农业要改变农业生产、食品工业和流通业相互分离的传统产业思维模式,促进农业生产、食品加工和流通的相互协调与配合,以寻求产业链的最佳效益,逐步形成组织大农业、大食品、大流

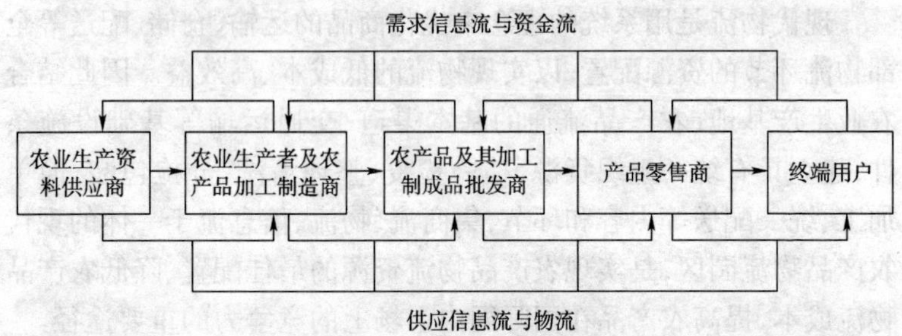

图 5-8 农产品供应链基本结构图

通、国内和国际大市场的新格局,农产品物流园区的建设是一种有效的模式。农产品物流园区是指由分布相对集中的多个农产品物流组织和物流设施,以及服务功能等不同的专业化农产品物流及加工企业等构成,能实现农产品物流规模化、功能化的农产品物流组织区域。农产品物流园区集约模式如图 5-9。

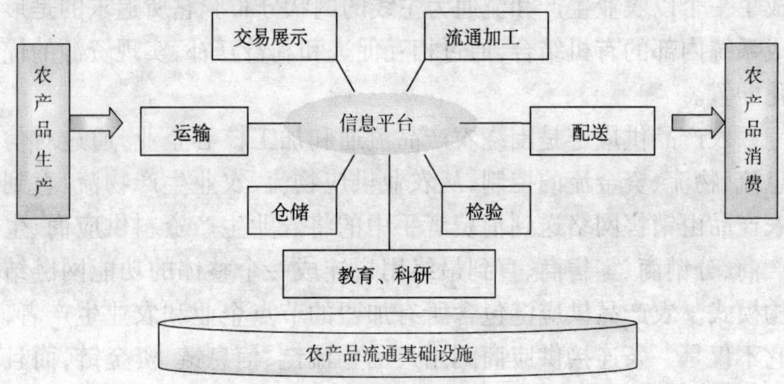

图 5-9 农产品物流园区集约模式示意图

农产品物流园区是营造农产品物流优良环境的一个区域,具有系统性和综合性,也是现代农产品物流技术、信息、设备、人才、管理、资源、客户的集中地。农产品物流园区处于农产品产业链上的流通环节,上游向生产领域延伸,与产地农户相连,下游向零售和消费领域延伸。因此园区的建设必须以农产品流通的基础设施为核心，建设成为农副产品批发交易中心、农产品加工检验基地和物流配送中心。在组织形式和交易方式上，可以重点发展公司制的市场主体，逐步实行拍卖式、竞价式、仓单交易等多种现代农产品交易方式，以商流带动物流，形成连接产需的多品种、广辐射的批发交易形式；加强园区的信息化建设，鼓励实行电子统一结算，使其逐步成为农产品的信息中心、咨询中心和服务中心，实现农业生产与市场的紧密对接，形成大生产、大流通、大市场的一体化运行格局。

政府在园区的管理中，一方面加强对园区市场的监管力度，完善法律法规，建立符合国际标准的检疫监测中心，保障园区运作走向规范化、法制化、科学化；另一方面设立教育培训、科研机构，为园区内企业输送和再培训农产品物流人才，通过科学研究解决园区发展和企业经营中存在的问题，推动园区与国际水平接轨。园区可以从以下三个方面建设综合服务体系：

（1）信息服务：园区建立具有一定公益性的信息中心和公共信息平台，定期和发布国内外最新行业信息及国家有关宏观产业政策等方面的信息，并无偿为园区内相关企业及客户提供相关信息查询服务。

（2）物流服务：园区统一建设物流基础设施，再整合园区内企业物流资源，提供进货、储存、流通加工、配送、商检等物流服务，降低物流成本。

（3）技术服务：建立技术服务中心，开展各种农产品流通等方面的技术咨询和培训，为园区内企业和其他客户提供技术支持。

农产品物流园区应结合农业生产基地、交通运输、通信等基础设施建设成具有统一组织货源、检验检疫、整理清洗、分检包装，完成农产品从“田间”到“餐桌”的全程服务的综合物流基地。如英国的农产品集散中心，按公司制运作，不仅规模大、功能完备、设施齐全，而且服务集约化程度高、管理规范。园区内不仅具备各种适应农产品物流的基本设施设备、公共信息平台，还设有专门的市场客户协会，维护场内交易商的利益。英国目前最大的 SPITALFIELDS 果蔬批发市场，建筑面积达 $13hm^2$，市场年交易额约 4 亿英镑，市场内设有专门的交易厅，交易活动完全在室内进行。在交易大厅内，有 115 家交易商从事水果、蔬菜、花卉的批发交易，每个交易商经营的品种在十几个到几十个不等。交易大厅内根据需要装备有包括冷藏设施、催熟设施和供装卸用的各种最新设施。该市场除提供直接为交易服务的保安、保洁人员外，还设有配套的辅助服务设施如汽车保养、专业搬运货盘和叉式万能升降卡车等设施，有 1900 多个泊位供交易商、顾客和员工免费使用。信息化程度非常高，英国有专门的果蔬协会，其会员有生产商、批发商、进口商、包装商和零售商。每个会员都有自己的网站。SPITALFIELDS 果蔬批发市场的网站，每天都收集和发布市场信息，还有专门的杂志，每周发行一次，为客户提供全方位的信息。

我国近年也相继出现了一些农产品物流园区，如位于锦州渤海物流园区的东北农副产品集散中心，沟通了锦州——满洲里——俄罗斯农副产品的流通。锦州渤海物流园区建设于 2001 年底开始启动，园区内除大型集装箱堆场，还建有与农产品物流配套的恒温保鲜库。使来自山东、海南、厦门等地的蔬菜、水果经秦皇岛港直运锦州港，缩短运距 265km。计划到 2007 年底，形成锦州渤海物流园区（开发区）、满洲里神怡鲜贮公司和俄罗斯赤塔州“三点一线”的总体框架。南京农副产品物流配送园区项目也于 2003 年启动。由南京市农贸中心、白云亭市场、应天水产品公司等四家企业共建的“南京农副产品物流配送园区”，总投资 6.78 亿元，位于南京市河西新城产业园，总占地面积达 61.3 万 m^2，建筑面积 26.7 万 m^2，并计划开发建设 18.5 万 m^2 大型果品、蔬菜、水产（禽蛋）、肉食交易（加工）区，建有一个 3.2 万 m^2 集农产品检测、信息(电子商务)、产品展示与配送、食宿娱乐于一体的共用服务区。预计到2007年,园区的农副产品年交易量可达500万t,交易额140亿元,吸纳20万城乡劳动力就业。深圳市农产品股份有限公司将在深圳市重点物流园区——平湖物流基地内,建设经营集农产品交易、配送、加工、储藏、进出口贸易等于一体的农产品物流园区,建设地块总面积34万m^2,位于平湖铁路编组站以东、机荷高速公路以南、水官高速公路以北,及丹平快速干道以西所合围地块内,园区的建成将不仅满足深圳居民的生活所需,而且还将辐射整个华南地区乃至全国,成为转口香港、东南亚、南非及欧美等市场的重要农产品物流基地。我国大型农产品集散中心和物流园区的建设已经开始起步,但真正符合现阶段我国农业产业化要求、集约化程度较高的现代农产品物流园区的建设还处在起步和探索阶段。

5.5 结论及建议

(1)在物流园区的发展上,加强政府的引导和监督作用。政府在规划和控制园区土地使用进行控制时,可以参照日本经验,制定相应的规模标准和用地规定,既采用优惠政策引导,又严格管理、调控,从源头上加以遏制,使物流园区成为名副其实的物流功能集结区、经济功能协调区。园区建成后,政府还必须按当初的规划目标和要求对园区的经营管理和发展进行监督和控制,参与方式可以是对园区管理公司投资参股,也可以成立专门的监督委员会,参与园区重大事项的决策,在决策中体现政府宏观发展意图。

(2)在物流园区的管理上,建立市场化的运作机制。物流园区是在市场经济条件下产生的,园区服务的对象就是市场,因此,园区自身的管理应该遵循市场规律,而在市场条件下,最有效的运行模式是公司化,因此园区管理应实现政企分开,把园区建设目标纳入公司的发展战略,决策、管理、监督职能明确,按照责权利相结合的原则确定各部门的目标与职责。

对于进入园区的物流或其他企业而言,也必须按市场化原则,自主经营。物流园区投入使用后,起主导作用的是进驻园区的物流企业,园区经营成功与否,关键在于是否具有足够的市场需求,企业能否具有一定的利润空间。需求方希望通过园区内企业的服务来降低成本,而园区内企业则希望入园后获得尽量高的利润,两者间的利益矛盾在市场中寻求一种动态的平衡发展。市场需求决定园区的走向,而园区的创新发展和快速成长又会反过来刺激市场需求的提高,由此形成良性发展循环,园区才会有可持续的发展空间。

(3)提高物流园区物流服务的综合化程度。物流业是以物流活动为基本共同点的行业群体,其主要特点是其服务性。突出以增值服务为核心的综合服务是现代物流企业具有的显著特征,现代物流企业是多产业和多领域的基础及技术的融合,与传统物流企业相比,所涉及的资源基础、产业规模、技术水平及综合管理、协调和服务能力范围更广、要求更高。因此,园区的建设和管理要求充分整合物流资源,提供综合物流服务,在资源整合的过程中,要从供应链的角度要求各参与方密切合作,整条供应链上的生产加工、仓储服务、运输管理、分拨配送、报关经纪、检验检疫等活动,要有序安排,统筹设计,使物流服务从功能性向综合性方向发展。

(4)加强物流园区公共信息平台的建设。现代信息技术的应用可以缩短信息交换的时间并提高信息传递的准确性,特别是条形码技术、电子订货系统(EOS)、电子数据交换(EDI)等现代信息技术及计算机技术在流通中的应用。零售商可以利用物流条形码技术、电子订货系统、POS 数据读取系统、EDI 系统、预先发货清单技术、电子支付系统及各种电子补货技术,将销售信息、库存信息、成本信息等与园区供应商共享,并在信息共享的基础上保持供应链的高效运作。

园区可以建立企业公共的信息平台,并与外部网络系统相连,形成一站式全程物流网络平台。实现企业上下游及园区内物流联盟信息系统的无缝连接,实现业务信息共享以及业务处理标准化和一体化,提高业务操作过程的计划性,实现业务处理自动化和智能化。

(5)推动物流园区的物流标准化建设。我国目前物流标准化建设还处于低水平阶段,如交通运输和仓储的设施、设备、器具缺乏统一标准规范;流通业电子数据交换缺乏统一标准;商品条形码应用率低;物流标准化是物流园区与国际接轨的重要条件,园区的标准化问题可以从以下几方面推进:

①设施设备标准化。以物流设施设备为核心,吸收交通运输、仓储、货运 、报关、通信等现行的国家信息分类标准,并制定有关配套标准,使物流标准化能够体现物流与信息流的协调;

②信息数据交换标准化、产品条码化。积极参与国家有关部门正在建立的公共物流信息服务系统,使园区内企业共享公共信息平台,实现物流信息交换协议标准化、物流信息采集自动化,企业间物流信息共享、互动;

③产品质量和等级标准化。在园区内推行 ISO9000 质量管理体系认证,建立和完善货物包装标识标准、产品质量等级标准;

④物流服务标准化。通过对服务标准的制定和实施,以及对标准化原则和方法的运用,以达到服务质量目标化,服务方法规范化、服务过程程序化,从而获得优质服务的过程,称为服务标准化。园区在推进服务标准化的过程中,可以重点建立和推行物流配送工作标准、管理标准、质量标准和售后服务标准体系。

第6章　珠三角物流园区的宏观调控

在我国,物流园区一般是指通过政府规划批准的,具有一定优惠政策条件的,以招商引资为基本目标的,吸引众多运输、仓储和货代企业,甚至包括加工制造和商贸企业等入驻并从事物流活动的地方。各地政府的支持和政策导向是推动我国物流园区发展的重要力量。珠三角地区在物流园区建设方面起步较早,取得了一定的成绩和经验,本章在调研和走访的基础上,围绕政府宏观调控方面取得的经验和教训进行全面的总结分析,以期为今后物流园区的发展和政府制定相关政策提供参考。

6.1　政府在珠三角物流园区发展中的作用

珠三角地区一直是改革开放的前沿,其整体经济实力位于全国前列,物流业的发展也具有得天独厚的优势:高度密集的企业生产群落、发达的交通体系、毗邻香港国际物流中心的独特地理位置、先进的信息技术产业等等。巨大的市场需求使得广州、珠海、深圳、东莞、南海等地政府纷纷看好物流产业,并不约而同地确定了大力发展物流业的战略规划,现在,珠三角物流业的整体发展水平步入全国前列。从宏观调控方面来分析,政府的重视和扶植政策起到了极大的推动作用。

6.1.1　政府成为物流园区规划的主体

2000年下半年,深圳市制定了《深圳市"十五"及2015年现代物流业发展规划》,这是我国第一部关于中心城市现代物流发展的专项规划。提出了“以国际物流为重点、区域物流为基础、以城市配送物流为支撑,发展三大物流体系,建设区域性物流中心”的产业发展蓝图,为深圳物流业的发展指明了方向。“十五”期末,深圳市又启动了《深圳市“十一五”现代物流业发展规划》,这些规划的编制实施为深圳市现代物流业的发展提供了明晰的指引。

2002 年广东省作出深圳要加快物流基础设施和市场体系建设,成为我国乃至东南亚地区重要的物流基地的决策。

为了建立高效统一的领导管理机制,协调物流产业各相关部门形成合力,共同推进物流发展,2002 年专门设立了“深圳市现代物流业发展工作领导小组”及其办公室,并制订了一系列详细的促进物流业发展的扶持和优惠政策。

2002 年,广州市计委编制了《广州现代物流发展实施纲要》,提出拟用 10 年左右的时间建成中国南方国际现代物流中心。其总体目标为:2011 ~ 2015 年初步建成整合珠江三角洲,服务华南、辐射大西南和东南亚,面向中国和全球,国际国内双向物流整合和海陆空物流相结合的中国南方国际现代物流中心。具体目标包括建成三大国际性枢纽型物流园区:南沙物流园区、黄埔物流园区、国际空港物流园区;建成五大区域性综合型物流园区:芳村(综合)物流园区、白云(综合)物流园区、增城(综合)物流园区、番禺(综合)物流园区、花都(综合)物流园区,等等。

物流园区的具体开发模式有三种:

(1)政府规划,工业地产商主导。政府对物流园区统一规划,然后由工业地产商进行统一开发建设,建成后,物流企业通过租赁或出让的方式进入到物流园区,工业地产商负责园区的物业管理。如依靠空港、海港的物流园区。

(2)政府规划,物流企业主导。政府统筹安排物流园区用地,通过招商引资把企业吸引过来,企业征得土地后自行开发建设。广州花都、增城、芳村、白云等地均采用这一开发模式。

(3)物流企业自主开发。物流企业根据市场需求,自行征用土地、自行开发建设企业物流中心。如宝供物流基地、信义物流,但这类项目多数还只能是物流中心的概念。

从以上三种模式来看,政府在物流园区的建设开发中起主导作用。

6.1.2 鼓励园区企业发展的相关政策

2002年10月,深圳市政府又出台了《关于加快发展深圳现代物流业的若干意见》,这是国内第一部物流业发展的政策指导性纲要,被认为是深圳物流业发展的"基本法"。《若干意见》中提出了八大政策措施:设立深圳现代物流业发展工作领导小组及其办公室;建立重点物流项目和进入物流园区企业认定制度;实施优惠的土地和用电政策;实施支持物流业发展的立项和投资政策;加快电子口岸建设;加快物流业的对外开放,积极推进与香港等地物流业的合作;营造公平有序的市场环境;拓宽人才引进渠道等,从而形成了较为清晰、系统的总体政策体系。

广州市政府曾提出要重点培育和扶持3~5个大型第三方物流企业作为龙头企业,创立广州的物流品牌。具体的讲,政府的扶持措施主要有:

(1)对重点物流企业的扶持政策。帮助重点物流企业获取国际货代资格,并进入海运、航空以及公路铁路运输市场。对国际物流业务量大的企业物流基地、物流中心、配送中心,帮助其申请设立海关监管点或监管仓库、保税展馆等。对重点物流企业放宽交通管制。

(2)鼓励企业入驻的政策。对进入物流园区的重点项目可享受土地、用电、"绿色审批通道"等优惠;积极推进与香港物流业的合作,鼓励支持跨国公司设立采购中心;允许外资物流企业设立全资分支机构等。

(3)财政金融政策。广州市政府规定,从当年起五年内,对重点物流企业新上马的物流基地、物流中心、配送中心、信息系统建设及物流装备的升级改造等技改项目,由广州市财政每年给予每家300万元贴息。深圳市于2004年12月设立专项扶持资金,采取补助和贷款贴息两种支持方式支持物流园区建设。2005年又制订了《深圳市现代物流业扶持资金管理暂行办法》,主要用于支持六大物流园区公共信息服务平台项目;利用现代信息技术,实现第三方物流服务管理方式系统化、网络化、商务运营电子化等有关物流管理项目等;支持对象是经过认定的重点物流企业;给予物流园区公共信息服务平台项目的补助金额,原则上以600万元为限;给企业的贴息原则上以100万元为限。

(4)土地和用电政策。对列入规划的物流园区的土地征用,适当减免土地出让金,如广州市规划的物流基地、物流园区内设立的物流中心、配送中心,土地出让金按当地标准适当下浮,金额较大的,经国土部门批准,可采取延期或分期交纳方式。广东东莞市对物流基础设施用地免予缴纳土地出让金。对重点物流企业的物流项目用电,按工业用电标准收取电费。

(5)电子口岸建设方面。2004年1月,深圳市政府、深圳海关、中国电子口岸数据中心三方共同签署了备忘录,启动了电子口岸建设,从物流通关、口岸电子执法、物流信息服务和物流电子商务等方面着手,全面提高通关效率和物流服务水平,实现物流信息共享。

(6)人才引进政策。物流园区对人才素质的要求非常高,特别对需要高级物流管理人才的需求很大。各地政府都鼓励企业引进专业物流人才,给予其享受高科技人才待遇。

6.2 当前政府宏观调控中存在的主要问题

从国内第一个物流园区深圳平湖物流基地开工建设算起,珠三角物流园区的发展已走过了近七个年头,特别是近两三年以来,各地物流园区建设可谓空前高涨,目前,国内大约有300多家物流园区,珠江三角洲有30家左右,物流经济俨然已成为各地经济发展的支柱,而物流园区也似乎成为各地发展物流经济的引擎。但同时与此形成鲜明对比的是,物流园区的开发只有速度而忽视效益,大量物流园区闲置,据国家统计局的统计,目前我国物流园区的空置率高达60%;深圳平湖物流基地控制用地16.25km^2,然而经过6年的建设,园区刚刚脱离土地平整、招商引资阶段,发展速度十分缓慢;2004年,国家发改委将物流园区、高尔夫球场、大型购物中心等六大固定资产投资项目列入监控名单,银监会也将物流园区作为固定资产投资项目贷款重点清理项目。

虽然新一届政府已经开始调整自己的施政方略,但各级地方政府把经济增长而不是经济发展和扩大就业机会作为自己最主要使命的传统观念并没有彻底转变,GDP的增长就是政绩,而GDP增长最快的办法就是扩大投资。加之一些政府部门对现代物流的观念不明确,因此,追求政绩工程,是导致各地政府热衷建设物流园区的重要诱因。在珠三角方圆41 698km^{2}的土地上,已规划或计划发展的物流园超过30个,且都集中在珠三角的中心地带,可能还有即将上马的物流园区项目,不禁使人担心,在珠三角有限的土地范围内,真的需要那么多的物流园区吗?这些物流园区一旦投入建设,真的都能达到预期的期望值吗?

上述种种现象在全国都具有普遍性,需要我们对政府的行为及其调控政策进行深刻的反思。在珠三角物流园区发展过程中,我们认为有以下几个问题值得重视:

(1)一些物流园区建设与实际需求相脱节。由于物流企业的生存是建立在客户需求基础之上的,因此,物流园区应该是第三方物流市场需求发展到一定程度的产物,物流企业只能是随客户的产业集群而集聚,只有当园区内的企业形成产业链的共生关系,形成成龙配套的集群效应才能实现物流园区开发的预期目标。而现实中,一些地方经济的发展并没有发展到有大量的产业集群,并在客观上要求物流企业以集聚方式与之配套的程度。此外,物流企业是服务型企业,其服务对象散落在城市的各个角落,任何物流企业都不会不计成本,远离其客户而入驻物流园区。如宝供物流企业集团有限公司(下称“宝供物流”)将投资约 15 亿元,在北京、沈阳、顺德、南京等地全面开建自己的物流基地,而没有入驻各地的物流园区。宝供黄埔现代综合物流基地位于广州市黄浦区南港镇广州经济开发区东区,与广州经济开发区西区、广州保税区、黄埔新港相接,距 107 国道 3km,距广深高速公路 4km,距黄埔飞翔船码头 5km,可见其选址、建设是非常理性的。因此,产业集群有其内在的经济规律,物流园区的决策应以市场需求为依据,而不能凭借主观想像盲目发展。

(2)物流园区之间缺乏相互协调的规划。目前,在各地的物流发展规划中,彼此间缺乏协调,各自为政。如珠三角各城市在进行物流园区规划的时候,更多考虑的是充分利用其自身的资源,并以特定城市范围作为制定规划的唯一单元,而较少考虑与相邻城市间的沟通、协调。如位于广、深之间的东莞,规划有虎门港物流园区、常平大京九物流园、松山湖物流园区三个园区,但它们如何与广、深现有的物流资源相整合和协调,以避免重复建设,彼此之间的覆盖半径和区域效应等问题在相关的规划中都没有被考虑。

(3)政府的一些优惠政策并未发挥应有的作用。目前在珠三角物流园区建设中,很多是由政府规划,吸引社会资金投资建设,投资者则先圈地后招商。通常在市政建设工程完成后,土地价格被成倍提高,使得后续企业进入的成本被进一步抬高,而且企业进行实质性的物流基础设施建设和运营本身很难获取预期利润,而土地价格不断上升却是不争的事实 。因此部分进驻物流园区的企业寄希望于土地价格的不断上升,甚至有些企业就是为此目的而进驻物流园区的,个别的还借此机会炒卖地皮。这也是导致物流园区空置率高的原因之一。如果物流园区获利的方式主要依赖土地增值,那么这种状况,对于园区的长远发展是非常不利的。

(4)其他政策与服务方面也存在一些问题,如政府在完善基础设施建设,简化设立分支机构的审批手续等方面的政策,应该是政府对所有企业应尽的义务,但是政府机构有时候服务还不到位。

6.3 政府在发展物流园区中的职能

物流园区的建设是一项投资巨大、回收期长、占地多、短期经济效益不明显,但社会效益良好的投资项目,而且涉及到城建、交通、生态、环保等一系列问题,客观上需要政府的引导和扶持。但在我国现实的政治经济体制下,政府职能如何定位?如何将市场微观调节与政府宏观调控有机结合?以促进物流园区健康发展,成为摆在各级政府面前的一道命题,也是制约我国物流园区发展的关键问题。

就一般意义上的政府经济职能来讲,政府是市场的管理者。政府管理市场的目的是维护市场经济秩序,即维护公平竞争的环境;维护公众和国家利益。具体到物流园区的建设,我们认为政府的职能定位应主要表现在以下几个方面:

(1)遵循市场规律,科学制定物流园区规划。在市场经济条件下,市场是资源配置和企业发展的主导力量,吸引企业入驻物流园区的也必然是企业的微观经济效益,而非社会效益。物流园区需要两个基本条件,一个是“物”—依托产业或产业园区;另一个是“流”—依托交通枢纽。国内外物流园区发展的实践证明,充足的货源市场和便利的交通设施是物流园区赢利的根本保证。

从根本上讲,物流是一个服务性产业,物流园区的建设和发展一定依托当地物流市场的需求——生产、批发、零售等企业组织对物流服务的需求。企业的本能是追逐利润的,因此只有物流企业自己能够比较好地把握市场的变化,而且只有市场能够以较低的成本来优化资源配置,所以,科学合理的物流规划,必须以市场的发展为先导。物流园区的功能和市场定位、物流基础设施的建设或改造、物流服务模式的选择等都取决于当地经济的发展水平。从现实的情况来看,凡是那些定位明确、贴近需求,按照市场经济规律发展起来的物流园区,运作情况都比较好。

同时,由于物流园区的规划建设涉及到地区或区域经济发展、综合交通系统建设与运行、城市发展、国土资源开发等多方面多层次的问题,是一个涉及到众多资源和环境条件的综合性问题,因此还需要政府进行宏观的统筹规划和协调,以弥补市场调节的不足。特别是物流运作本身具有功能整合和跨边界的特点,而现行体制下,物流运作管理政出多门且不协调,运作功能条块分割、行业垄断和地区封锁仍较严重,对物流市场的发展和物流园区的建设是极为不利的,需要国家及省级政府,从宏观经济出发,运用系统的观点,结合生产力的总体布局、全国交通枢纽和主要运输干道布局、相关城市的功能定位等规划全国物流园区的总体空间布局,引导物流园区健康有序地发展。

(2)创建良好的制度环境,维护公平竞争的市场秩序。开放市场、鼓励竞争是创建良好制度环境的核心内容。对物流产业而言,必须要打破部门垄断和地方保护主义,改变对外超国民待遇而对内非国民待遇的状况,为企业的市场准入、运营和退出创造一个公平竞争的环境。

按照市场经济的原则,政府是属于为企业提供服务的部门,它不能利用自己掌握的公权直接参与市场的运营。即使在一段时间内,政府要扶持物流产业的发展,也不能对其他企业的公平竞争带来损害。如政府可以为物流企业提供优惠价格的仓储用地,但必须要求物流企业做出实质性的建设投资;必须限制土地的用途在一定时期内不得改变;必须要求享受到政府优惠用地支持的物流企业为当地提供确定的就业机会等等。而如果政府在制度建设方面,仅仅着眼减免物流企业经营的有关税费,则可能产生有违发展物流产业初衷的结果。

(3)加强基础设施建设,完善政府服务职能。交通运输系统的结构和功能是物流运营不可缺少的基础设施条件,而基础设施的建设具有一次投资量巨大和投资回收慢的特点,因此公路、铁路、码头、空港等公共基础设施,以及物流园区的相关配套设施建设,主要还是应该由政府投资,并由政府部门组织和制定有战略远见的发展规划。

当然,从其他国家物流业发展的经验来看,高度重视市场机制的作用,促进物流基础设施建设,也是值得借鉴的经验。如可以采取政府投资建设,企业经营运作;或采用 BOT 方式吸引民间资本投入建设等。

此外,政府还要树立自己不经营物流但扶持物流的观念,不断改进和完善相关服务。首先要协调和完善政府有关部门的服务,如海关、交通、保险、金融、商业、公安等;其次,要通过相关的配套措施,如人才、资金、土地等方面的优惠政策,吸引企业入驻物流园区;第三,应放手依靠行业协会,加强行业自律和服务,特别是在涉及全行业发展的基础性工作中,如制定和推广物流行业标准、物流人才教育和培训、物流技术交流和信息服务、物流信息统计、物流企业和从业人员资格认证、物流咨询服务以及对外交往等方面发挥更大的作用。从而使政府、企业、行业组织,各就其位,各司其职,共同营造出有利于现代物流业发展的适宜环境。

(4)以可持续发展观为指导,维护公众利益。物流园区的建设和发展,还需要政府贯彻可持续发展的观念,充分考虑生态和环保的需要,采取有效措施限制物流系统运营所带来的负面影响,以达到改善城市交通、保护生态环境、优化城市的功能布局,切实维护公众利益的目的。如对运输设备的技术安全性、废气排放标准、道路交通管制、易燃易爆品的承运资质和作业规范、运输工具的报废回收管理，都应有政府的强制性法规约束；仓储设施建设时，对危险品和化学产品的仓库选址、有关设施的建设标准、对周边环境的要求、消防设施条件、安全监测、运作管理规范等都应有严格的要求；国际物流中，对保税货物和保税仓库的监管，对进口货物及其包装物的检测检疫，对杜绝洋垃圾的进入等方面，政府的责任更是责无旁贷。

6.4 其他国家的经验借鉴

6.4.1 美国政府对原空军基地的二次开发

美国也有类似物流园区的地方，但它不叫物流园区，而被称为多式联运中心。主要是政府对已经关闭的空军基地的二次开发。

比较成功的是被称为南加州第二国际通道的南加州物流空港(SCLA)。它是在1992年关闭的乔治空军基地原有设施，包括铁路专用线、机场、仓库等的基础上，由当地政府接管后通过招商重新开发建成的。开发商承诺为当地提供1.5万个工作机会。约3万亩占地中，除了各种运输功能外，还包括海关监管的集装箱货运站和仓库、自由贸易区、制造和分销企业园区。实际上是融我国的工业园区、保税区和交通枢纽于一体的。

美国是市场经济高度发达的国家，他们的经验在于重视对现有资源的整合利用，并且充分利用市场机制进行优化配置，政府的调控措施得力。

6.4.2 德国政府的物流园区政策

德国的物流园区建设始于20世纪80年代中期。德国一般采取联邦政府统筹规划，州政府、市政府扶持建设，公司化经营管理，入驻企业自主经营的发展模式。德国的物流园区带有明显的交通运输枢纽的性质,主要依靠政府的规划和推动,各物流园区当地的政府都直接参与了物流园区的建设,并在财力上给予了大量的支持。如 PACT 规划(即"Pilot Actions in Combined Transport",直译为联运试验性措施),是政府对联运方面新运输项目的推动资助。到现在,已有 8 个物流园区在建立新铁路—公路中转结点站过程中得到了这个资助。

德国物流协会(DGG)创建于 1993 年,目前 33 个物流园区中有 23 个是其成员,DGG 同时还是欧洲物流园区联合会成员。其主要工作内容是:参与联邦政府和州政府关于物流园区法规制定工作;为各园区间跨地区间合作进行联络和协调(服务内容有:实现物流园区间联运;在园区内建立一个为物流服务的多种多样的服务设施;加强园区市场宣传,协调园区服务标准;建立独特的物流园区电子商务等)。

6.4.3 日本的物流园区政策

在日本,物流园区被称为物流团地。日本政府早在 1964 年就开始对物流产业发展进行调控,在 1969 年形成日本全国范围物流体系的宏观规划。此后,依据实施的状况和形成的成果,以及日本国内外各种情况和形势的变化,该施策大纲每五年制定一次,每年加以研讨修订。

由于日本人多地少,因此政府对土地利用率非常重视。在园区建设方面由政府规划、出让低价土地或由政府加以补助,物流团体组织投资,物流企业按专业共同使用。园区用地由政府收购,再将园区内的地块以生地的价格出售给各物流行业协会,协会以股份制的方式在会员中招募资金,用以购买土地和建造物流设施,同时成立专业公司来专门运作,协会成员出资不足的部分,可通过银行获得低息(约为正常利息的 30%)或无息贷款。此外政府对建筑用地相应做了限制,一般物流园区的用地为 20 ~ 50 万 m^2,不超过 35 万 m^2,要求高层发展。

宏观管理方面,通过"相关省厅的合作"建立"综合物流施策"推动会议制度。由局长级人员组成;下设干事会,由相关单位的课长组成。会议针对相关部门的合作,提出具体课题。年内每次会议逐次检讨,检查实施进度,并按实施能力适当增加具体课题。

中观管理方面,地方上为贯彻中央综合施策推动会议的决定,设置相应的综合物流施策推动会议,其组成单位为:地方政府职能部门、院校研究所、地方公共团体、都道府县警察、商工会议所、企业界团体等。职责是贯彻实施物流推进政策和物流基础设施建设,并加以定期检讨。对于检讨结果,每月汇报一次,年度结束前必须向中央的推动会议作一次回顾报告,同时在地方上必须将推动进度加以公布周知。而中央则实行后续追踪。

微观管理方面,日本政府则采用官民协力的方式,宏观上统筹调控,微观上自由放开,市场化运营。对于涉及国民生活的食品类团地,则由农林省委派专人或地方政府长官担任管理机构董事长。

日本政府对物流的定位清晰,加之严谨科学的调控管理,形成了日本国内巨大的系统化的物流体系,日本的物流效率也得以迅速赶超了欧美成为世界第一。

6.5 结论及建议

综合上述几方面的分析,政府的宏观调控和管理对物流园区能否形成良性发展的态势具有举足轻重的作用。现行宏观调控和管理方面存在的一些问题和缺陷,与政府的角色及职能定位不明确有很大关系。宏观调控必须以遵循物流市场发展的客观规律为基本准则,否则难以取得预期效果,甚至会造成社会资源的巨大浪费。同时也应认识到物流园区有多种不同的模式,各地政府的宏观调控措施没有绝对的标准和模式,必须深入了解分析当地的实际情况,具体问题,具体对待。

针对珠三角物流园区发展的现实状况,我们认为应从以下几方面进一步改进和完善宏观调控措施:

(1)打破行业及行政区划的限制,系统地规划整合珠三角物流园区建设。由于物流园区服务的区域不能简单地以行政区域来划分,而目前园区的规划和发展带有明显的地区和行业的色彩,缺乏从全区域进行布局和发展的整体角度的考虑。因此,应成立专门的组织,如珠三角物流业协调工作领导小组,真正从全区域的角度对各物流园区的规划及建设进行深入客观的分析论证、统筹规划,进一步明确其不同的功能定位。特别要重视商流、物流、信息流对物流园区发展的重要作用,确立区域内重点发展的园区,对一些不具备物流园区基础条件的,或重复建设的项目,则应尽早采取措施,避免资源及资金投入的浪费。在整个区域内,还应制定相关政策措施鼓励和促进物流资源及物流信息的共享,促进各地区间、物流企业间优势互补协调发展。

目前深圳市已成立现代物流业发展咨询委员会,力图形成物流发展和决策的高地。首批专家38人,来自高等院校、专业机构、物流企业、管理机关等部门,专业特长涵盖第三方物流、交通运输、商贸流通、财务审计、信息通信等领域。在深圳市物流业重大政策出台前,对全市重点物流项目和重点物流企业进行认定等工作时,物流主管部门都邀请咨询委员会专家全程参与,听取他们的意见和建议。对珠三角物流园区的问题也可采取类似做法,提高政府规划和决策的民主参与程度和科学决策水平。

(2)规范和完善现行的各项扶持政策措施。根据以往工业园区的实践经验,吸引企业和资金入园,提供优惠政策仅仅是一个方面,更重要的是企业赢利商机和适合企业发展的良好的投资环境。没有商机的优惠不是优惠,是诱饵!这样做的结果只会损害政府形象。因此,按照市场经济的原则,政府部门应致力于推进物流市场发展,为所有企业创造一个公平竞争的市场环境。

当前需要在规范市场准入标准的基础上,鼓励多元化投资主体进入,并要对工商登记、税收征管制度等进行必要的调整,鼓励企业跨区域经营。在基础设施建设、改造方面,要加大政府投资的力度,为园区的运作创造良好的硬件环境。要对土地的使用严格限制,合理控制土地价格的上涨,降低园区基础设施的投资运营成本。可借鉴其他国家的经验,对园区土地实行专用政策,并规定一定年限内租用与转让的合理价格,防止随意将土地转做其他非物流用途,以及炒买炒卖地皮的问题,保持园区土地充分利用和可持续发展。

目前物流园区的管理体制,很多还是政企不分的,这种落后的体制很难成就物流园区未来的事业,需要从制度建设、运作模式等方面进一步改革和完善。

(3)充分发挥物流行业协会的作用。行业协会是社会、经济发展到一定阶段的客观要求和必然产物,在市场经济国家,市场结构是三元化结构。即第一方——政府;第二方——企业;在政府与企业之间巨大的空间中是市场结构的第三方——行业协会。这三方面可以互相补充、互相支撑、互相牵制、互相监督。

根据市场经济发展的需要和国际上行业协会运作的经验,行业协会以行业服务、行业自律、行业代表、行业协调为基本职能,从而可以配合政府达到有效调控市场的目的。在我国,充分发挥行业协会的作用,也是政府职能转变的需要。

据悉,国家有关方面正在组建全国物流园区协作联盟。目前,国内已由 33 家园区递交了相关表格,同意加入联盟。另有一些地方政府、物流研究咨询机构也表达了参加意向。该联盟将是一个开放式、松散型的行业组织,旨在促进同行业间信息沟通、信用咨询、业务合作、资源共享、调查研究、经验交流、政策协调和行业自律。联盟的组建也可为入盟企业提供一个经常性的联系机制和交流平台。

现阶段,政府部门要移交本该属于行业协会的权利,如制定有关物流行业和市场管理规范的权利,对违规、违约企业处罚的建议权等,与行业协会建立定期沟通和协商的制度,创造有利的条件扶持行业协会的发展。

第 7 章　我国典型物流园区案例

7.1　深圳笋岗—清水河物流园区

7.1.1　园区概况

笋岗 - 清水河物流园区位于深圳特区罗湖区的中北部,1982 年开始开发建设,分笋岗、清水河两大片区。笋岗片区是指泥岗路、红岭路、笋岗路和铁路围合的区域,用地面积为 2.37km^2,现有仓储建筑面积 73 万 m^2,大型仓库 80 多栋,主要以干货仓和冷冻仓库为主;清水河片区南隔泥岗路与笋岗片区相对,北与“二线”关口和布吉镇相接,东西分别以布吉路、红岗路为界,用地面积为 2.37km^2,现有仓储建筑面积 33 万 m^2,大型仓库 40 多栋,主要以粮食等干货仓,石油气等危险品和活口仓库为主,是全国最大的综合仓库区。

笋岗 - 清水河最初作为仓储区开发的规划与建设思路是:建成内地和香港铁路货运的中转场所,在选址上也主要考虑其在当时罗湖区的边缘地带,从当时深圳的人口规模和城市规划来看,位于深圳城区较偏的地带,且靠近广深铁路深圳北站,修有多条铁路专用线直达库区,可以减少铁路与公路运输衔接转运的成本。区内有总长 12.7km 的三条铁路专用线与广九铁路连接。在 20 世纪 80 ~ 90 年代,该片区作为全国最大的多功能现代化商业化仓库区和全国首个出口监管仓库而闻名海内外,被称为“中国第一仓”。

经过20年的发展，无论深圳经济和城市建设都得到了很大的发展，笋岗仓储区在区位环境和城市基础设施条件上也发生了较大的变化，随着现代物流的发展其服务功能也在逐步发生转变。因此，深圳市政府对园区的定位作了新的调整，规划建设成为城市配送型物流园区，其直接原因主要是：

(1)发达国家的经验表明，社会经济越发达，物流业得到迅速发展，其公路运输在社会运输总量中所占比重越大，笋岗－清水河仓库区的发展，同样也遇到了这一问题，即由铁路--铁路转运的货物减少，而由铁路——公路转运的货物增加，导致笋岗—清水河仓库区作为规划的铁路中转仓库的功能极大地弱化，货源减少；

(2)随着深圳城区规模的迅速扩大，笋岗—清水河仓储区已由昔日的城市边缘区变成了城市的中心地区，土地的升值、成本的提高以及转变功能可以带来的巨大潜在利益，使得以经营为目的的原仓储企业纷纷改变其原有功能。近年笋岗仓储区内改为办公等用途的建筑面积近8万m^2；

深圳市政府经过论证，决定大规模改造笋岗仓储区的城市基础设施，并将该区域作为城市商业化改造的重点，将其规划为“城市消费物流园区”，还由市政府牵头专门成立了笋岗－清水河库区改造建设指挥部。

7.1.2 园区优势

笋岗－清水河物流园区经过十多年的发展和建设，具备了许多由传统仓储业向综合物流区转型，进行物流园区建设的优势，特别是已有的用地和仓库建筑优势：

(1)目前已有的仓储设施以及与深圳北站相连的铁路专用线，是将笋岗－清水河仓库区转型并发展物流园区最直接的原因。目前，园区拥有约100多万m^2仓储用地，建有大量的多层仓库，并且在仓储区内建设有大量集中的铁路运输专用线，这些都是建设物流园区的客观条件和优势。从合理利用园区现有基础设施的角度出发,可以说园区的建设与重新定位,在很大程度上是由其历史条件决定的;

(2)园区具有临近城市中心区的区位条件。临近城市中心区的区位条件,对发展以消费物流为主的物流园区具有一定合理性。深圳近20年的发展,罗湖区已经成为人口密集、商业网点遍布的市区。无疑形成了对消费物流的一种潜在的市场需求,而直接推动物流行业发展的真正动力来自于市场需求;

(3)宏观交通区位优势明显。园区靠近城市中心区,北、西、南三面分别紧临城市主干道北环路、红岭路和笋岗路。北环路是深圳重要的以货运交通量为主的城市快速干道。并且,依托设在园区北面的深圳北站,区内设有铁路运输专用线直达仓库。从宏观交通区位条件上看,园区的对外货运交通应该是便捷的;

(4)园区定位为城市消费物流园区具有一定的合理性。通常消费物流园区的建设规模将由所服务的城市空间范围和消费物流的市场需求等因素共同决定,随着深圳人口规模的不断扩大和消费水平的不断提高,消费需求也将不断增长。

7.1.3 园区功能定位

1)园区定位

基于仓库区的区位特点和历史条件,深圳市政府已将笋岗-清水河物流园区的主要功能确定为“城市消费物流基地”。区内物流的主要对象为个人消费品,深圳市的消费物流主要是从国际及区域物流和不同运输方式物流中转化而来的,其中包括从区外经铁路运进准备出口外销的货物,也有通过批发配送满足本地需求的消费品。园区定位以高档次的专业批发市场为主,建成集批发、商品展示、专门商品交易、金融、商务、娱乐于一体,有形市场与无形市场有机结合、具有较强辐射能力的多功能现代化区域型专业批发贸易中心和消费性物流园区。

物流园区是物流中心也就是物流企业集中的场所，而物流中心是商品集中出货、保管、包装、加工、分类、打贴标签、装货、配送的基地，是流通过程中的重要基础设施和组织机构，是联系商品生产部门、进口商和零售商及消费者之间的中介与桥梁。园区核心功能已从过去的仓储、配送等实体性功能向协调、联络等策略性功能转变，从功能上分析，配送中心、专业批发市场是物流园区的重要组成部分。

根据深圳市《关于加快深圳市批发市场发展的总体实施方案》和深圳市物流中心和十大批发市场规划布局的总体思路，园区将重点开发以居家装饰材料市场为主，集建材、家私、灯饰、汽车、药材、纺织、食品等为一体的专业市场，形成现代化的商贸物流园区。政府将在园区内扶持几类有特色的专业批发市场：

(1)家居建材市场。主要经营厨具洁具、装饰材料、家居灯饰、家用五金、布艺地毯等家居产品；

(2)汽车交易市场。建成现代化的集汽车现货销售、汽车租赁、配件供应 、检测维修、汽车美容、保税仓储等于一体的大型综合性汽车交易市场；

(3)医药港。形成中药材、中西成药及半成品、医疗设备仪器展销基地、高级中医专家服务中心于一体的中华医药港；

(4)陶瓷工艺品出口配套市场。主要经营各类陶瓷制品及陶瓷工艺品原材料的、包装材料；

(5)冷冻食品配送中心。建立华南地区冷藏商品批发交易的有形市场和虚拟市场，提供食品的冷藏、加工、展示、订货、配送、代销和信息服务。

2)园区基本规划

园区建设遵循”统筹规划、准确定位、明确重点“的基本方针。“统筹规划”，即园区规划要与深圳市和罗湖区的总体规划相结合,高起点、高水平、科学地进行;“准确定位”,园区定位为区域性展示交易配送中心,园区的规划建设以”立足深圳、依托周边、连接两头、扩大辐射“为原则,立足深圳的商业环境和产业优势;依托周边城市的产业优势和盐田、平湖等周边仓库区;连接国内和国际、内地和香港两个市场;在满足本地需要的同时,以质量、声誉、档次和服务向周边地区辐射,吸引异地商家;“明确重点”,首先将家居市场作为重点市场来发展;其次,对汽车展销及技术维护中心和配件市场的建设应加强调研,主要定位于名车和中高档家用轿车上。具体改造和发展分两个阶段:

第一阶段:主要结合政府商业发展规划,利用园区现有空地约10万m^2,建设高标准大型家居超市,同时,对已形成的、初具规模的建筑装修装饰材料、汽车展示及技术维护中心、医药配送中心等专业市场进行调整、改造、引导和扩充。用尽可能短的时间,较少的投资,建设具有较强辐射力的几大专业批发市场。

如”笋岗家居城“的建设,笋岗家居城包括宝安北路以东五区”笋岗物流中心近期启动区“即”家居超市“项目及宝安北路以西七区现有14万m^2物业的商业化改造项目两部分,其中,”家居超市“项目占地面积为6.7万m^2,建筑面积7.4万m^2,家居超市营业面积约5万m^2,建筑物层数为2~3层,建筑容积率为1.1,广场面积约7 800m^2,公园绿地7 200m^2。宝安北路以西七区现有14万m^2物业的商业化改造项目目前正在进行之中,已入住其中的装饰市场有香江家具城(建筑面积2.2万m^2)、香江装饰材料城(建筑面积1.5万m^2)、金海马电器城(建筑面积8 000m^2)、新光源灯饰及金宝来名家私(建筑面积5 000m^2)等,该区域现已成为深圳市内颇具影响力的家居装饰材料专业市场。

另外如“笋岗汽车城”的规划及建设,笋岗汽车城规划在红岭北、桃园路南北两侧,分为新建和改造两项内容,其中新建项目包括在原818号仓空地和822仓所在位置共约1.4万m^2用地建设6

~9层名车广场及汽车零配件配送中心,该项目建成后的建筑面积约5万m^2;改造项目包括对桃园路以北的仓库进行改造和在桃园路以南汽车维修及检测中心的扩建改造等,该区域已经形成建筑面积20万m^2以上的集室内汽车展示交易、网上交易、汽车检测、汽车租赁、汽车零配件配送等为一体的大型汽车城。

第二阶段:建设大型物流园区配套的电子商务交易平台及其他配套设施。在五区建设大型家居超市,以及在桃园路以北新建名车广场,以这两个项目的成功运作带动库区的改造转型。同时,在市政府对库区基础设施(包括道路、通信等)进行大规模改造的同时,投资建设基于上述专业市场的专业化物流网络交易平台,并设立社会化专业化物流配送中心,使电子商务与物流配送通过专业化物流网络交易平台实现有机的结合。与此同时,以分步改造的方式建设其他配套设施,逐步将园区改造建设成为智能化物流园区。依托中心市区,主要发挥仓储、专业市场、采购中心等配送系统功能,形成与物流业相关的货运交易、代理、信息、管理、保险等服务功能,定位为市域物流配送中心。

7.2 深圳平湖物流基地

7.2.1 基地概况

深圳平湖物流基地位于深圳市龙岗区平湖镇和布吉镇,居深圳市北部,东邻龙岗新城,南靠布吉海关,北面和东北面与东莞市接壤,西北与宝安区交界,是深圳至东莞、宝安至龙岗的交汇点,处于珠江三角洲经济辐射带的"中心极"如图7-1所示。基地拥有总控制范围16.25km^2的面积,将分阶段建设和开发。首期开发4.4km^2,分国内综合物流园区和国际中转物流园区两部分。国内综合物流园区占地2.6km^2,以市场信息、产品配送、现代仓储、多式联运、商品交易五位一体的模式发展国内物流。国际中转物流园区占地 1.8km^2，以海铁联运的模式发展国际物流。

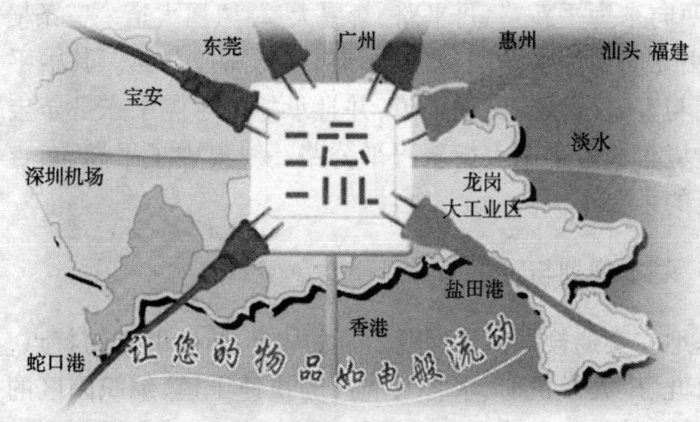

图 7-1　深圳平湖物流基地位置示意图

铁路方面：京九线、广九线穿基地而过，平盐线、平南线在基地内与京九线接轨，盐田国际中转港、蛇口集装箱港经此两线辐射国内外，已投入使用的日编组能力 8 000 车次的平湖南铁路编组站位于基地中心。

公路方面：平深、平蛇、平樟、机荷高速公路等在基地周围纵横交错，东接惠盐、深汕高速公路至惠州、汕头，西至宝安、观澜、龙华直通广深高速公路，南接深圳市区，北连东莞，把基地与港口、机场连在一起，形成畅通的海陆空立体交通网络。

铁路方面：日编组能力为 8 000 车次的平湖南铁路编组站位于基地中心，京九线、广九线穿基地而过，南接香港，北连中原和欧亚大陆桥。全长 26km 的平盐铁路和全长 48km 的平南铁路在基地内与京九、京广线接轨，直通盐田国际中转港和蛇口集装箱港。

公路方面：平蛇、深惠、机荷高速、水官高速、清平快速、梅观高速在基地周围形成了纵横交错、四通八达的公路网络。横贯基地的机荷高速把基地与宝安国际机场紧紧联系在一起。

园区内配套道路完备：目前，平湖街区的道路由高速公路、镇间主干公路及镇内道路形成四纵三横的交通骨架。四条纵向主干道，自西向东为平新路、丹平路、新厦大道、凤凰大道。三条横向主干道，由北向南为平龙路、富安大道、机荷高速公路。其中平龙路是龙岗与宝安两区的交通要道，并且承担了东莞中东部至宝安大部分过境车流。平湖大街至丹平公路一线集中了平湖、布吉与深圳市区的主要车流。

7.2.2 基本规划与定位

基地在交通规划方面，根据外快内慢、外松里紧的特点，充分利用京九、广九及机荷、水官及周边的快速干道，编织园区的交通组织网络，并与当地政府一道进行区域性的交通网络规划和改造，形成四通八达、纵横通畅，海、铁、公、空全面渗透立体交通体系。

功能规划方面，按类别划分，园区主要规划成四大功能片区，即仓储配送功能板块、专业市场功能板块、货运枢纽功能板块和国际中转功能板块，如图 7-2。按区域物流又分为国内综合物流和国际中转物流两大部分。

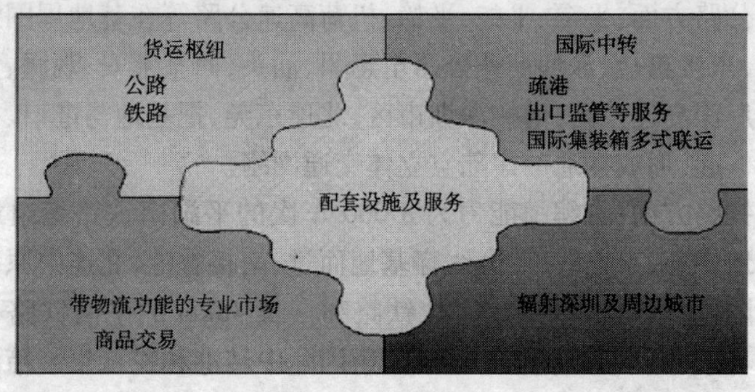

图 7-2 平湖物流基地四大功能片区示意图

国内综合物流园区实施以市场信息、产品配送、现代仓储、多式联运、商品交易五位一体的发展模式。目前,华润万佳商品配送中心、华南国际工业原料城、东都散装水泥库已在基地落户;广弘美居建材批发市场正在建设之中;正在报建的有:彩虹装饰材料配送中心、海南餐饮未来配送中心。国际中转物流园区也吸引了日本佐川急便、宏通国际等企业前来调研和洽谈;中远物流、中外运物流、宏基物流、深业物流等物流公司在基地共谋发展。基地通过招商和发展,将不断打造多式联运枢纽和外贸委货中心。

7.2.3 招商政策

为加快平湖物流基地的建设,鼓励境内外物流企业从事基础开发和物流产业建设,平湖物流基地制定了如下配套政策:

1)财税政策

企业所得税:根据深圳市特区企业(内资和外资企业)税收优惠政策,对基地物流企业的所得税实行以下优惠:

(1)经营期十年以上的交通运输(不包括客运)、集装箱加工修理、加工包装、建材(含混凝土搅拌)等生产性行业,第一年和第二年免缴企业所得税。第三年至第五年减半交纳企业所得税。

(2)经营的减免税期满后,对经市科技局确定为先进技术企业的,减半征税期可申请延长三年。

(3)在基地内从事仓储、配送、商贸等服务性行业,投资超过500万美元或2 000万元人民币、经营期10年以上的,从获利年度起,第一年免缴企业所得税,第二、第三年减半缴纳企业所得税。

(4)对基地内其他物流企业,投资500万美元或2 000万人民币以上、经营10年以上的,可实行企业所得税先征后返,第一年和第二年企业所得税返还全部,第三年至第五年返还50%企业所得税。

(5)对基地内新办的商贸性企业,自开业之日起,报经主管税务机关批准,可减征或减免企业所得税1年。

城市维护建设税和房产税 以实际缴纳的营业税、增征税、消费税的税额计征，税率为1%；纳税单位新建或购置的新建房屋，自建成或购置之日起免纳房产税3年。

政府提供融资服务 对采用先进技术的仓储、配送、多式联运(含集装箱处理)并对基地结构升级具有重要意义的项目，经基地指挥部审核确认，区政府可采取以存引贷的方式，帮助企业贷款或提供其他融资服务。

2)国土政策

(1)基地建设初期，对在政府开发的启动小区内经营仓储、配送和集装箱业务的先进技术企业，可试行土地年租制，承租方在头年首期先交总租金的30%，余下的70%按5年、最长不超过7年分摊缴纳。

(2)在基地发展初期对市场开发企业实行临时用地政策，减半收取土地租金，租期一般为2年，须续期的，在规划等条件许可的情况下，可简化程序，特事特办，尽快办理手续。

(3)在基地发展的中、后期，实行土地公开招标拍卖，将卖地的款项设立平湖基地国土开发专项基金，实行专款专用，专门用于区内基础设施建设。

(4)基地中的开发企业一次性缴纳地价的，可给予10%的地价优惠。

(5)严格控制、有选择地实施带资开发，除建设"瓶颈"型基础设施和开发大型市场的企业，一般不采取带资开发政策。

3)工商、城管政策

对基地内的市场开发企业和个体工商户，五年内减半收取工商、城管各种规费。

4)户籍政策

对基地从事投资经营活动并且投资额达1 000万人民币、营业额达到200万以上的企业，其经营骨干可优先办理龙岗区户口，经基地指挥部审核，区给予其适当的迁户指标，其入户的城市增容费可减半收取。

5）奖励带头开发企业的政策

对前十位率先进入基地的企业，在地价、税收、租金等方面享受比上述更加优惠的政策，并由区政府授予荣誉称号。

7.2.4 基地管理

深圳平湖物流基地有一个非常重要的特点，就是以政府为主体进行运作。深圳市、龙岗区两级政府都有专门的领导小组，分别由市区两级的主要领导任组长，成员单位包括了市区两级的国土、规划、建设、经贸和计划统计、交通运输、海关商检等，由龙岗区平湖物流基地建设领导小组办公室代行市领导小组办公室的职能，全面负责具体的开发建设工作。成立平湖物流基地开发服务中心，负责园区管理，其组织机构如图7-3：

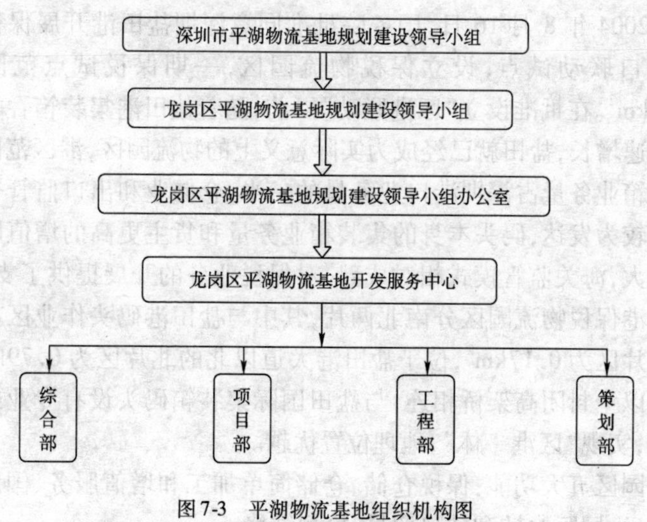

图7-3　平湖物流基地组织机构图
（资料来源：http://www.base56.com.cn/）

7.3 深圳盐田港物流园区

7.3.1 园区概况

深圳盐田港物流园区属国际货运枢纽型物流园区,将依托盐田港区,加快发展国际集装箱运输、中转、仓储、拆拼箱加工等物流业务,园区内的企业以集装箱堆存、仓储公司和货运公司为主。盐田港区规划占地613.73万m^2,现状用地总面积270.2万m^2,园区内物流企业有深圳市盐田港集团有限公司、深圳盐田港保税区投资开发公司、深圳市通捷利物流有限公司等。园区内主要项目有:文辉仓、力又仓、24号仓、嘉里盐田港物流中心、中联仓、保税区南片区综合配套设施,盐田港国际物流园、盐田港国际供应链中心、鸿基物流监管仓等。

2004年8月16日,国务院批准同意深圳盐田港开展保税区与港口联动试点,设立保税物流园区,一期保税试点范围为0.96km^2。在批准设立"区港联动"以前,随着盐田港集装箱吞吐量的快速增长,盐田就已经成为实际意义上的物流园区,港区范围内集装箱业务量占深圳港口业务量的一半,仓储业和出口监管仓业务也较为发达,码头本身的集装箱业务量和货主更高的增值服务需求大,海关监管模式相对成熟,对保税业务的开展提供了支持。盐田港保税物流园区分南北两片,其中与盐田港码头作业区相连的南片区为0.17km^2,位于盐田港大道以北的北片区为0.79km^2,两区以全封闭高架桥相连,与盐田国际集装箱码头设有专业封闭通道,实现"区港一体",地理位置优越。

园区五大功能:保税仓储、仓储简单加工和增值服务、国际采购配送、国际中转和转口贸易、检测维修。

保税物流园区采取"一线放开,二线管住,区内宽松"的监管模式,区内真正实现货物的自由流动。在进出口税收方面,享受保税区相关政策,比照实行出口加工区的相关政策,即国内货物进入园区视同出口,办理报关手续,实行退税;园区货物内销按货物进口的有关规定办理报关手续,货物按实际状态征税;区内货物自由流通,不征增值税和消费税。

7.3.2 园区优势

盐田实行"保税-物流"联动有几个独特的优势:

第一,盐田港物流园区是全国少数与港口铁路、公路相连的保税区,有利于开展多式联运,拓展京广沿线经济腹地和珠三角地区物流量。

港口。盐田港是我国发展最快的集装箱港口之一,2004 年集装箱吞吐量超过 648 万 TEU,占深圳港总吞吐量的近一半。港口现有 5 个 5 万吨级和 4 个 10 万吨集装箱泊位,吸引了包括全球 34 家国际著名的航运公司前来挂靠,每周开辟国际定期班轮航线达到 60 条,服务辐射全球。港口水域纵深约 20km,水深和避风条件较好,水域航道及码头前沿水深达 -16m,可接泊第五代集装箱船或更大船舶;是现代化国际大型深水大港和华南地区集装箱主枢纽港。

公路。盐田港后方陆域拥有完善的公路网络,包括一纵(盐港大道)三横(梧桐山大道、明珠大道、北山大道)主干道;在此基础上,主干道向东接驳惠盐高速公路、深惠高速公路、深汕高速公路以及盐坝高速公路,可高速直达惠州、汕头等东部沿海城市;向西进入深圳市城区道路网,连接梅观高速公路、广深珠高速、机荷高速以及 107 国道,可通达观澜、东莞,并且与珠江三角洲及广东省高速公路网交汇。同时,已建成通车的明珠立交桥和建设中的深盐第二通道都将使东部地区的交通更加便捷完善。

铁路。全长 24km 的盐田港疏港专用的平盐线(平湖——盐田港),在平湖与广深铁路接驳,并在常平与京广、京九铁路并轨。该专线支持多种铁路运输方式,目前已开通了长沙、武汉的集装箱专列,以及盐田港至成都的“五定”班列,并将进一步开通其他内陆省份的铁路运输服务。

第二,盐田港保税区设立在盐田港港区内,保税区和港区及其周围土地容量相对宽裕,且现有用地范围和港区内的码头及其岸线资源均为盐田港集团拥有或其与外资合作经营,区港一体化程度比国内任何保税区和港口都高,利益矛盾和管理链条相对简单,有利于园区的快速发展;

第三,盐田港物流园区早已成为集加工、生产、商贸、物流、研发为一体的多功能经济区,保税区内现有业务发展较快,且已形成比较规范和相对成熟的管理系统和管理经验;

盐田保税物流园区将重点发展国际物流,提供辐射国内外的多功能一体化综合物流服务。以保税仓储业务、流通性简单加工等增值服务业务、国际采购配送业务、国际中转和转口贸易、检测维修业务、商品展示业务等为核心,重点发展转口贸易和仓储业,相应发展临港口工业及保税生产资料市场,为深圳物流业的发展发挥主要作用。

7.4 上海外高桥保税物流园区

7.4.1 园区发展背景和概况

上海外高桥保税区物流园区于2003年底经国务院批准设立,作为全国首家区港联动试点园区,2004年4月通过国家验收,7月15日进入试运作。园区总面积2.73km^2,已具备封关条件的区域有1.2km^2,按照保税物流中心B型模式开发建设。园区按照“统一规划、功能定位、适度超前、协调发展”的建设方针,项目从2003

年1月正式投入开发建设,总投资28亿元。经过基础开发与功能提升、产业开发与项目引进、产业联动与市场开拓三个同步建设,建设70万 m^2 的现代化仓库,14万 m^2 的集装箱转运区,完成信息网络技术和综合配套设施建设,实现集装箱年综合处理能力100万TEU,其基本规划如图7-4所示。

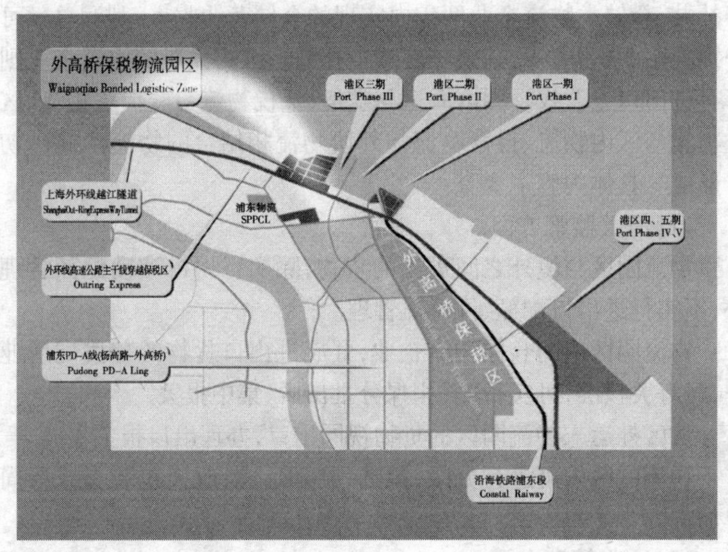

图7-4　外高桥保税物流园区规划示意图

园区位于上海浦东新区,与外高桥港区相连,在开发经营上实行保税区和外高桥港区“区港联动”。将保税政策优势和海港物流优势综合一体,效益明显。

7.4.2　政策优势

根据国务院的批复,上海市发展和改革委员会牵头制定了《关于推进上海外高桥保税区和外高桥港区联动发展的试点意见》,意见就保税物流园区的海关监管、税收管理和外汇管理等方面的政策作出了明确的规定，保税物流园区享受出口加工区和保税区的叠加政策，保税政策方面优势非常明显，例如允许区内企业空运进口货物按空运直通式的操作程序进行，通关一般可在4小时内完成；试行电子提单、一单两报和无纸化通关；分拨、配送、采购类物流企业，利润总额，两年内由保税区补贴7%，其余年度减半补贴；仓储类物流企业两年内实现的仓储营业收入，利润总额可分别补贴5%和7%，其余年度减半补贴。区内注册的中资企业则享有进出口经营权。园区海运与空运、保税物流与非保税物流、区外物流与区内物流、自营物流与外协物流相结合的物流产业已初步形成。具体内容主要有：

(1)海关监管方面：

物流园区与境外之间进出的货物，除实行出口被动配额管理外，不实行进出口配额、许可证管理。

物流园区内的仓储物流企业，开展进出口货物的分拨配送业务，经海关核准，可实行“凭担保分批出区、集中报关”。

从区外运入物流园区的货物视同出口，办理出口报关手续。

物流园区内可进行分级、挑选、刷贴标志、改换包装形式等简单加工。

(2)税收管理方面：

比照出口加工区的相关政策，区外企业运入物流园区的货物视同出口，可办理退税。

物流园区内企业在区内加工的货物，凡属于货物直接出口和销售给区内企业的，免征增值税、消费税。

(3)外汇管理方面：

区内货物分拨企业，在自有外汇不足以对外付汇的情况下，允许企业购汇解决。

实行区内企业非贸易购汇试点，对货物流与资金流不一致的付汇，允许区外企业凭相关凭证向境外企业购付汇。

7.4.3 园区管理

园区管理按照现代企业制度组建了上海外高桥物流中心有限公司,专门负责物流园区的开发建设、招商引资、项目经营和营运管理。公司注册资本4亿元,其中上海港务集团投资45%,外高桥集团公司控股55%。上海外高桥物流中心有限公司是物流园区开发建设、项目经营、服务营运的主体。围绕"形态开发高标准、服务管理高效率、项目引进高层次、企业经营高效益"的发展目标,开展针对性项目引进、提供个性化优质服务,汇集了一批具有世界性经营网络和强大供应链管理能力的物流服务供应商,通过区港联动,形成保税区、港区和国际物流产业的良性互动,提升口岸增值能力。

物流中心有限公司下设一室六部,既办公室、市场营销部、财务计划部、工程技术部、营运操作部、服务贸易部和物业部,分别负责公司的综合管理、招商引资、财务管理和工程管理等业务。

办公室:主要职能为:党政合一;负责协调、督办公司各部门工作;公司各类文件的起草和处理工作;规章制度的汇编和执行情况检查;外事、接待及会务等事务工作;人力资源管理工作;档案管理工作等。

工程技术部:主要职能为:负责园区基本建设,工程的规划设计、招投标、工程合同、施工质量、安全、监理、验收、产权证办理等工作;固定资产的基础管理工作;各类设备的维修保养工作等。

财务计划部:主要职能为:负责公司的资产管理工作;资金的借贷、调度和运作工作;会计核算工作;财务分析工作;项目投资成本收益分析工作;计划统计工作;前期开发协调工作等。

市场营销部:主要职能为:负责物流园区项目经营、土地租赁、库场租售等的市场分析与业务洽谈工作;招商引资的合同编制工作;协调与客户的关系等。

营运操作部:主要职能为:负责整个园区的生产经营指挥,集装箱的装卸、堆存、运输、海关国检查验等;制订、实施和完善生产营运业务流程、信息化流程和监管流程；协调海关、国检、港区等相关方面的关系等。

服务贸易部：主要职能为：在通关大厅设立专门窗口受理园区相关物流业务；协调进区政府机构、海关、国检、服务贸易机构的关系；开展业务咨询、代理活动，为进区企业提供客户服务；仓库管理、装拆箱业务等。

物业管理部：主要职能为：负责提供物业管理服务；提供劳动力输出服务；为园区配套工程提供服务，以及对绿化、市政建设、泵房等公共设施进行维护保养；餐饮服务；办理公司各类行政事务等。

7.4.4 园区主要功能与基本业务流程

1）园区主要功能

（1）国际中转。国际中转是对国际、国内货物进行分拆、集拼后，转运至境内外其他目的港，其流程如图7-5。

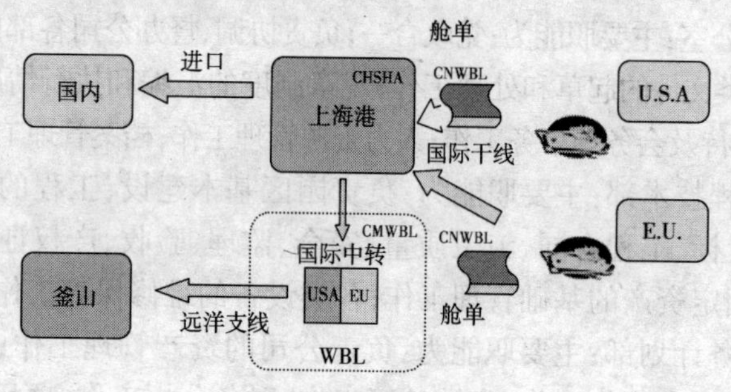

图7-5 国际物流中转流程图

（2）国际配送。国际配送是对国内货物进行分拣、分配或进行简单的临港增值加工后向国内外配送，其流程如图7-6。

（3）国际采购。国际采购是对采购国内货物和进口货物进行综合处理和简单的临港增值加工后向国内外销售，其货物进出流程如图7-7。

（4）国际转口贸易。国际转口贸易是进口货物在区内存储后不

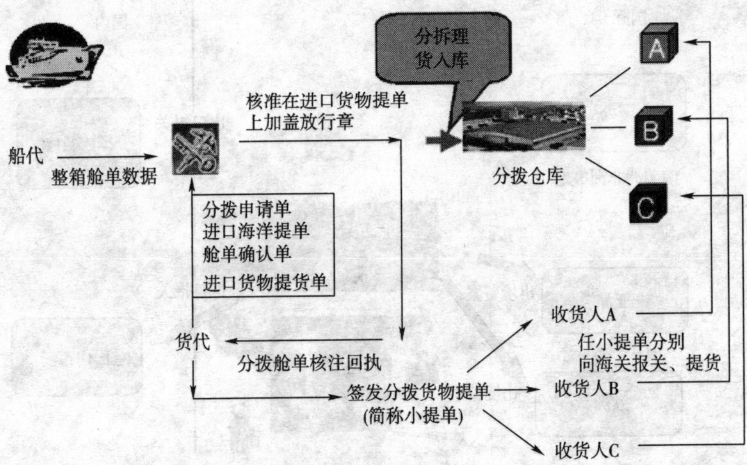

图 7-6　国际商品配送流程图

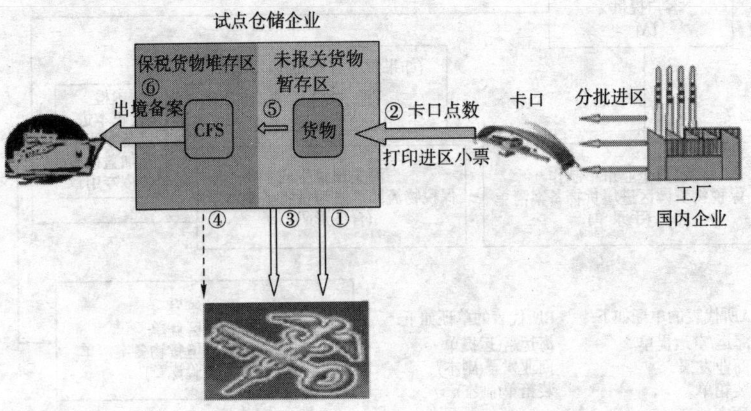

图 7-7　国际商品采购货物进出流程图

经加工即转手出口到其他目的国和地区,其货物进出流程如图 7-8。

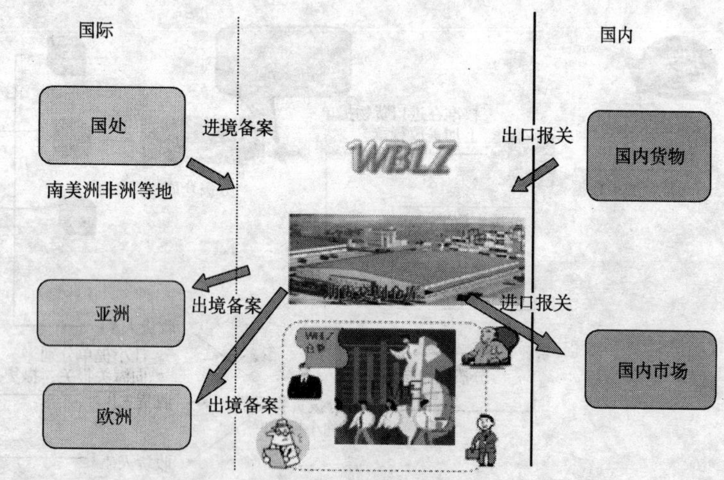

图 7-8　转口贸易货物进出流程图

2）园区基本单证流程（见图 7-9～图 7～12）

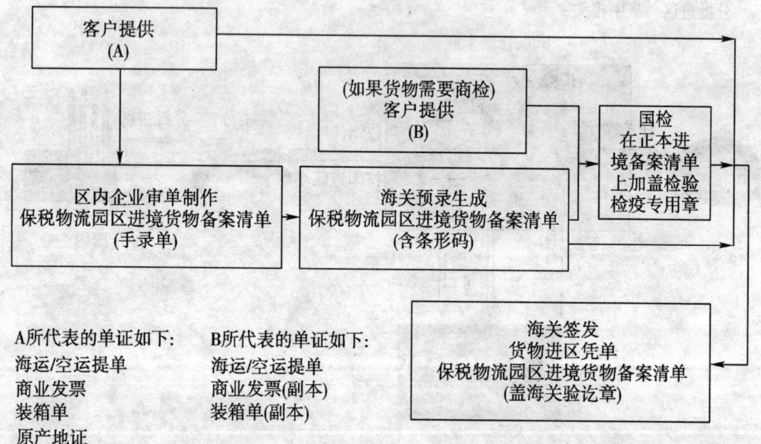

图 7-9　进境进区单证流程图

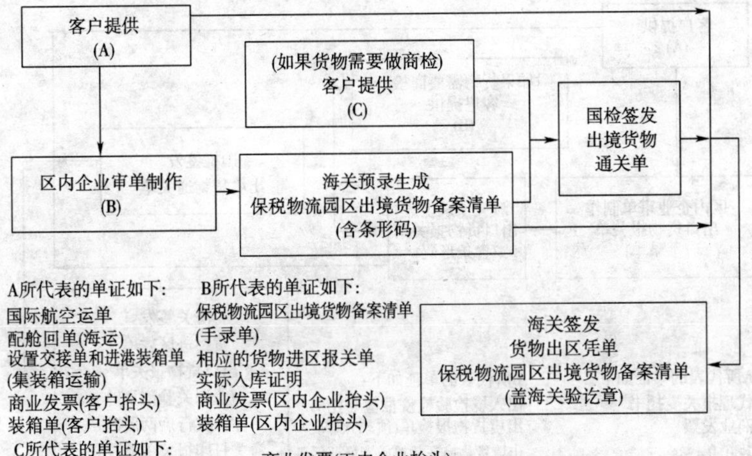

A所代表的单证如下：
国际航空运单
配舱回单(海运)
设置交接单和进港装箱单
(集装箱运输)
商业发票(客户抬头)
装箱单(客户抬头)

B所代表的单证如下：
保税物流园区出境货物备案清单
(手录单)
相应的货物进区报关单
实际入库证明
商业发票(区内企业抬头)
装箱单(区内企业抬头)

C所代表的单证如下：
出入境检验检疫报检委托书
出境货物报检单(预录入单)
对应的进区商检通关单(副本)
商业发票(工内企业抬头)
装箱单(区内企业抬头)
注:若属于卫生和动植物检疫范围的,应该按照规定在出境前实施检疫(如:木质包装需要做熏蒸)

图 7-10 出境出区单证流程图

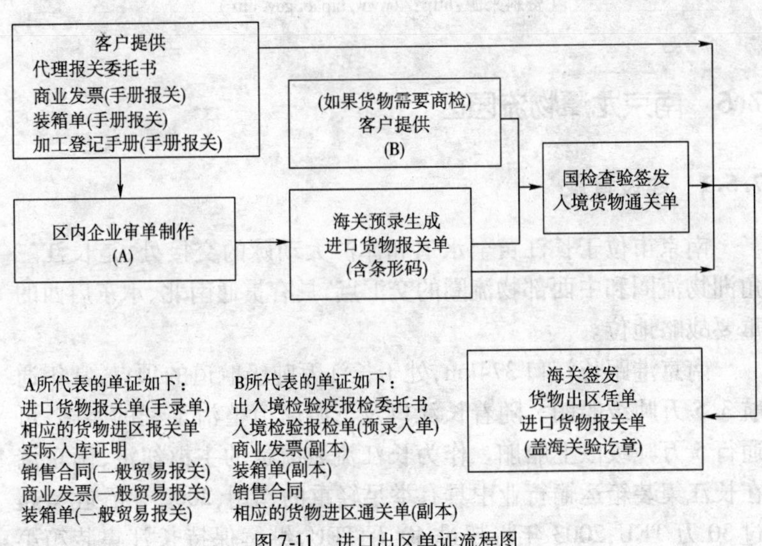

A所代表的单证如下：
进口货物报关单(手录单)
相应的货物进区报关单
实际入库证明
销售合同(一般贸易报关)
商业发票(一般贸易报关)
装箱单(一般贸易报关)

B所代表的单证如下：
出入境检验疫报检委托书
入境检验报检单(预录入单)
商业发票(副本)
装箱单(副本)
销售合同
相应的货物进区通关单(副本)

图 7-11 进口出区单证流程图

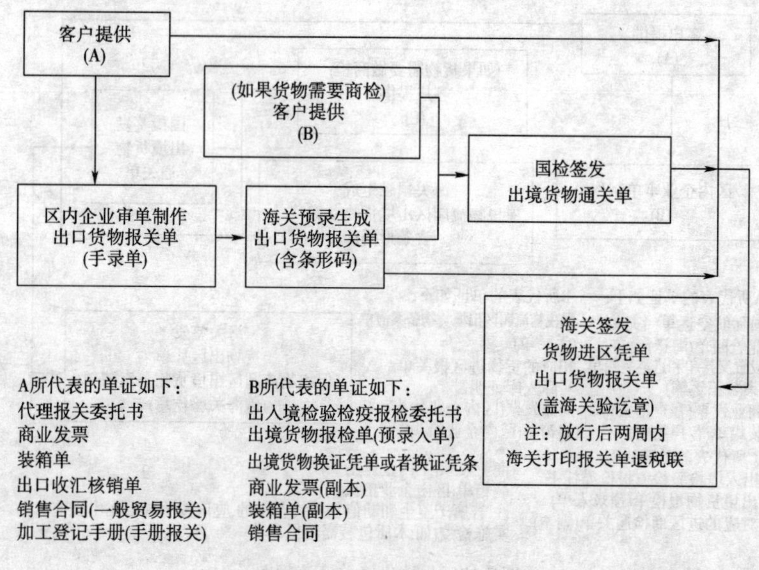

图 7-12　出口进区单证流程图

（资料来源：http://www.sipac.gov.cn/）

7.5　南京龙潭物流园区

7.5.1　建设背景

南京市位于长江黄金水道和津沪大动脉的交接处，是长江三角洲物流圈和中西部物流圈的交汇点，具有贯通南北、承东启西的重要战略地位。

南京港距长江口 374km，处于长江万吨级航道的顶点，常年通航 3.5 万吨级船舶。随着长江口及下游航道整治工程的实施，可通行 5 万吨级以上船舶。作为长江流域航运的主枢纽港，南京港在长江集装箱运输行业中具有举足轻重的作用，2002 年吞吐量超过 30 万 TEU，2003 年将超过 40 万 TEU，继续保持长江集装箱第一大港的地位。

为满足集装箱迅速发展的需要,国家批准开工建设了龙潭港区一期工程,重点建设3个2.5万吨级(水工结构兼顾5万吨级)集装箱泊位和2个千吨级泊位,设计年吞吐能力52万TEU,工程总投资11亿元,2003年底将建成投产。届时,新生圩港区集装箱功能将全部调整至龙潭港区。作为长江规模最大、现代化程度最高的专用集装箱码头,龙潭港将成为南京和长江中上游地区的贸易门户和中转基地。龙潭物流园区位于南京市区东北部,紧邻龙潭港,距主城区约30km,通过长江二桥直接与江北地区相连;园区距镇江市区28km,位于宁镇扬的中心区域。园区具备港口、公路、铁路以及管道等多种对外交通运输方式,将重点发展水陆联运、公铁联运等多式联运体系,构筑现代化综合立体交通运输平台,可辐射安徽、苏北、长江中上游及宁西铁路沿线等地区。

7.5.2 交通条件

龙潭物流园区具备港口、公路、铁路以及管道等多种对外交通运输方式,将重点发展水陆联运、公铁联运等多式联运体系,构筑现代化综合立体交通运输平台。

(1)港口

由于航道水深和长江大桥的净空原因,南京成为长江中上游水运的中转站。龙潭地区拥有南京及周边地区唯一的优良深水岸线资源,与园区紧邻的外贸深水港—龙潭港,对外是国际物资交流的重要通道,对内是江海转运的枢纽。目前龙潭港一期工程(集装箱专用码头)已建成,港区占地面积0.93km^2,其中万吨级泊位3个(水工结构可供5万吨级船舶停靠),千吨级泊位2个。

(2)公路

龙潭地区疏港公路、栖霞大道等道路能便捷地将龙潭地区与南京市既有312、104、205、328四条国道以及沪宁、宁连、宁通、宁芜、宁合、雍六等高速公路网连接并向外辐射。

(3)铁路

津浦、沪宁、宁皖赣和在建的宁西四条铁路干线在宁相接,沪宁铁路在龙潭设有三级客货站,龙潭地区紧邻华东最大的铁路编组站——尧化门站,铁路交通也非常便捷。物流园区计划引入铁路专用线,并设置一处集装箱搬抵站,建立起现代化的水、公、铁多式联运基地。

7.5.3 总体规划

南京港龙潭物流园区总体规划面积约为7.58km^2,分期实施。一期工程的开发为现有龙潭集装箱港区一期工程后方约1km^{2}的区域,启动资金约2亿元。园区开发遵循"一次规划、分步建设"的原则,一期工程投资4.49亿元,重点完成集装箱码头后方1km^{2}的征地拆迁和七通一平工程,建设拆装箱库10 200m^2、公共保税仓库16 200m^2、公共物流中心17 400m^2、堆场10万m^{2}以及2万m^{2}的综合管理办公大楼。园区一期还将引进海关、商检等口岸管理部门,以江苏省国际经贸EDI系统为平台,建设与口岸管理部门相衔接的电子数据交换系统和园区物流业务的综合管理平台,为国际物流企业和出口加工企业提供方便的进出口管理配套服务。

园区沿疏港路南侧成带状布置,以三江河为界,分为东、西两大功能片区。东部为临港加工工业区,区内布置为工业区配套的综合服务区;西部为物流作业区,采取对称布局的形式,以兴隆路为轴,中部安排为物流配套的综合服务区,两侧依次设为专业物流、集装箱辅助作业和流通加工等功能区,在西端靠近规划的铁路站场则安排多式转运功能区,在东端紧邻的三江河布置为近期启动配套的管理服务中心。

根据龙潭物流园区的区位条件及腹地支柱产业的布局,龙潭物流园区的功能定位为:依托龙潭港,以建立适应跨国公司全球战略的国际物流体系为目标,以区域性的储运、中转、分拨、包装为基础,兼顾本地区物流配送,并大力发展原材料、产成品两头在外的临港工业,成为长江三角洲北翼国际物流节点,辐射安徽、苏北、长江中上游、宁西铁路沿线等地区。

7.5.4 园区管理

园区由南京龙潭物流基地有限公司负责开发经营,其主要股东方为南京市交通建设投资控股(集团)有限责任公司、南京港口集团有限公司和栖霞区国有资产管理中心。

7.5.5 保税物流中心

2005 年 7 月,经中国海关总署批准,在龙潭物流园区规划范围内开辟了 0.86km^2,设立了南京龙潭港海关保税物流中心。保税物流中心依托龙潭国际集装箱港口,实行中心、港口联动,以口岸国际物流为核心,以国际贸易、海洋运输、船、货代理、仓储配送、商展、信息、金融服务等为内容,以南京及长江中上游广大地区的各类经济实体为对象,实行货物进出口的保税、监管及加工增值的一站式直通服务,具有境内关外的政策优势。

物流中心内的建筑总面积为 122 380m^2,其中 CFS 及物流仓库的总建筑面积为 109 950m^2。中转区内共设有 C. F. S 一座,配送及采购区内仓库共 5 座。年综合处理能力为 32.2 万 TEU。

1)保税物流中心经营范围

(1)集装箱转运:中心内企业出口货物可在中心装箱后等待交易确认、船期、海关手续,或进口保税货物直接从港口干线进入中心等待拆箱、拼箱。

(2)进口货物保税仓储:企业批量进口货物可在中心内享受保税仓储、报关、拆箱等增值服务。

(3)国际物流分拨配送:中心内企业进口保税货物可在中心内进行简单流通加工,并可享受中心提供的到国内下游工厂或销售网点的运输、结算、信息处理等增值服务。

(4)国际采购:中心引入跨国采购中心在中心内建立全球化采购系统,中心内企业对采购进入中心的出口货物及进口的保税货物可以进行简单临港加工处理后分销国内外市场,并享受货运代理、集拼、订舱、结算等增值服务;

(5)进出口贸易:中心内企业自主开展进出口贸易业务,中心提供信贷、结算、担保等金融服务,建立中心内交易结算体系;

(6)简单加工和增值服务:中心内企业在不改变货物化学性质的前提下可以对货物进行展开分类、分拣、刷贴标志、改换包装、拼装等辅助性简单作业;

(7)国际展示交易:中心内企业可以在中心内进行分类商品的交易、样品展示,并可获得供求价格信息、信息咨询等服务;

(8)物流信息处理:中心建立卡口、可视化监控系统及网络数据管理三位一体的内部物流信息监管体系,按照海关监管要求建立物流中心信息平台。中心内企业与海关及其他口岸管理部门可以进行便捷的电子数据交换。

2)保税物流中心业务模式

(1)进区出口退税、分拆集拼、集运离境:国内采购货物以视同出口方式先进入保税物流中心实现退税(增值税、消费税),经过货物的增值服务和综合处理,通过中心卡口的海运直通道装船离境,业务流程如图7-13。

(2)进区出口退税、增值服务、进口征税:国内采购货物以视同出口方式先进入保税物流中心实现退税(增值税、消费税),经过货物的增值服务和综合处理,征税后通过中心卡口进口,业务流程如图7-14。

(3)进区出口退税、凭手册出区、保税加工:国内部件以视同

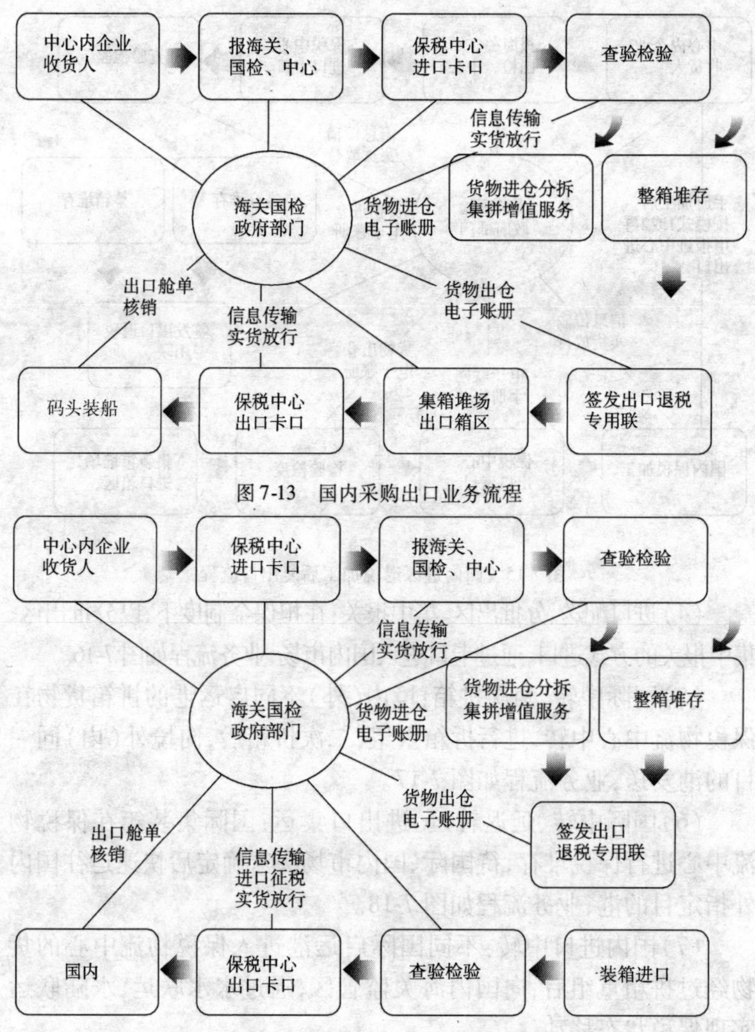

图 7-13 国内采购出口业务流程

图 7-14 国内采购进口业务流程

出口方式进入保税物流中心退税后，再通过手册进口或电子联网方式结转至中心外保税工厂加工后复出口，业务流程如图 7-15。

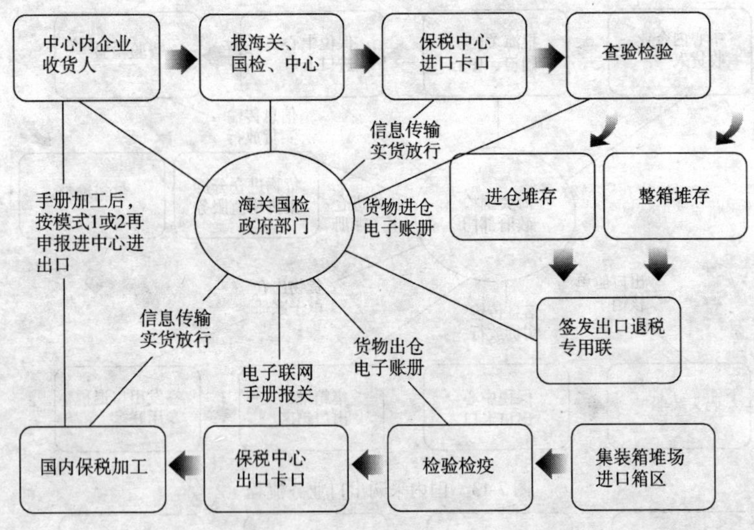

图 7-15　国内进区退税加工后复出口流程

(4)进口配送、分批出区、集中报关:在担保金制度下,以分批出区、集中报关的方式进口,通过卡口进入国内市场,业务流程如图 7-16。

(5)国际中转、两次拼箱:境内(外)不同启运港的拼箱货物在保税物流中心中转,进行拆箱重组,二次拼箱后,向境外(内)同一目的港发送,业务流程如图 7-17。

(6)国际中转、延迟转运、进出口集运:国际集装箱在保税物流中心进行保税堆存,待国际、国内市场买家确定后快速运往国内外指定目的港,业务流程如图 7-18。

(7)国内进口中转:不同国际启运港进入保税物流中心的货物经过拼箱重组后,向国内海关监管区,通过水水联运、水陆联运实现保税状态移动。

(8)国内出口中转:不同国内启运港已结关货物,进入保税物流中心作为国际中转货物,与保税物流中心的货物进行拼箱重组,发送至国际同一目的港。

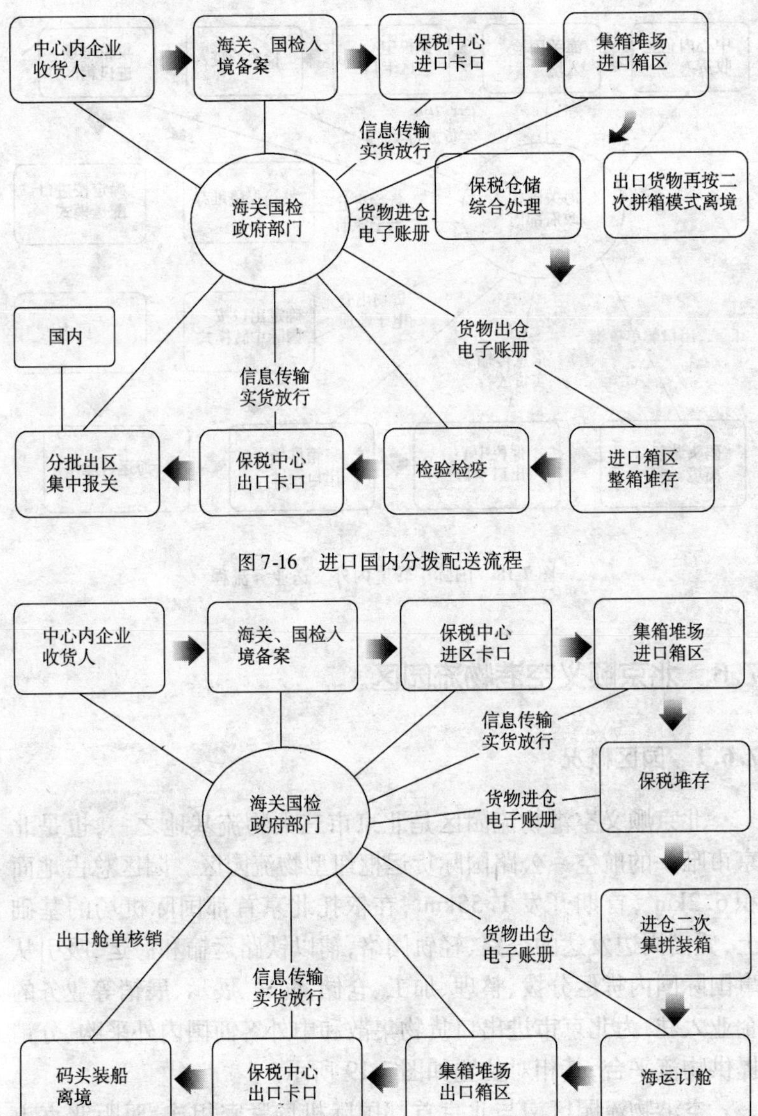

图 7-16 进口国内分拨配送流程

图 7-17 国际中转境外发送业务流程

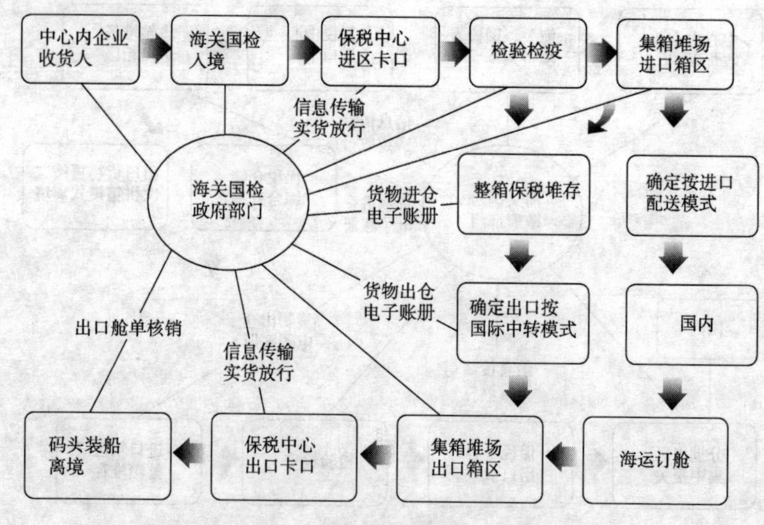

图 7-18　国际中转境内外发送业务流程

7.6　北京顺义空港物流园区

7.6.1　园区概况

北京顺义空港物流园区是北京市三大物流基地之一，也是北京市唯一的航空－公路国际货运枢纽型物流园区。园区总占地面积 6.2km^2，首期开发 1.55km^2，在依托北京首都国际机场的基础上，凭借周边发达的公路、轻轨网络，辅以铁路运输和海运，吸引从事国际国内货运分拨、整理、加工、仓储、配送、展示、展销等业务的企业入驻，为北京市进出口货物集散和中外客商国内外采购、分销提供物流平台，其相对位置如图 7-19 所示。

空港物流园区南与北京首都国际机场紧密相连，西距北京市区 15km，东距天津海港 160km，基地周边形成由 101 国道（京密公路)、城市轻轨、六环路、京承高速路、机场高速路、顺通路等构成的路网系统,还有贯穿基地南北的机场北门路和贯穿东西的顺平路、顺于路主干道。物流基地所处的顺义区境内公路总长1 516km,公路密度达到每百平方公里150km,居于全国前列,为发展现代物流产业提供了得天独厚的条件。空港物流基地周边紧邻首都国际机场、天竺出口加工区、北京现代汽车城及奥运会场馆,JVC、SONY、松下通信、西铁城(中国)钟表、LG电子、摩托罗拉、空中客车、爱立信移动通信、皇冠制罐以及中国国际航空公司、万科城市花园、空港国际仓储和人类基因研发中心——华大基因等30余个国家的百余家著名企业分布在园区周围。

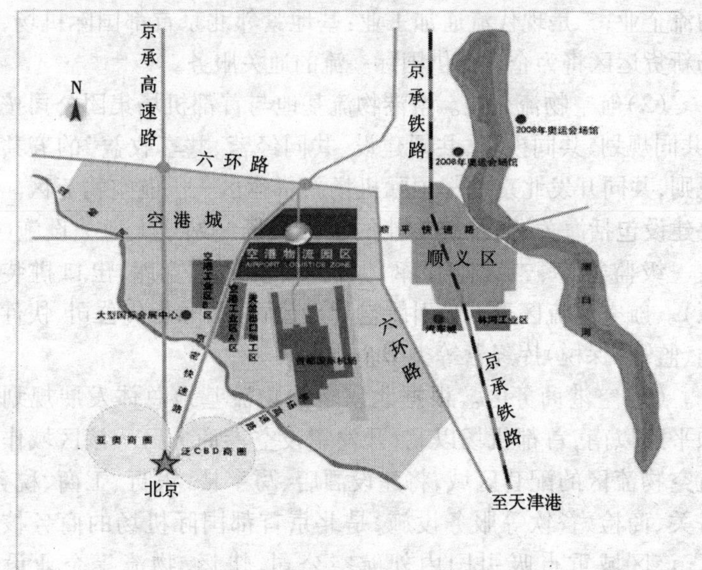

图7-19　北京空港物流园区位置示意图

7.6.2　园区规划

园区在综合国际国内物流园区发展经验,紧密结合空港物流基地实际,比较论证的基础上,确立基地搭建“四大平台、八大功能区”,即物流基础设施平台、信息网络平台、管理服务平台、环境政策平台和航空货运区、联检及商务区、一级货运枢纽(含信息平台及多式联运交易中心)、第三方物流区、生产资料及物流加工区、空港保税区、二级监管库及航空货代区、新业态商业区,分别吸纳以下几类企业:

(1)第三方物流。根据北京空港物流基地(一期 1.55km^2)控制性详细规划,该区域重点发展第三方物流企业和流通加工型企业。该区域主要面向两大类企业招商:一是第三方物流企业:重点吸引采用现代物流技术及在基地进行跨区域结算的总部型第三方物流企业;二是现代流通加工业:基地紧邻北京首都国际机场,机场新货运区将为企业提供国际一流的通关服务。

(2)航空物流企业。空港物流基地与首都机场集团公司按照“共同规划、共同投资、共同建设、共同经营、共享收益”的五共同原则,共同开发北京首都国际机场新货运区——航空物流区。主要建设包括海关、商检等功能的首都机场一站式大通关设施(海关一级监管库、二级监管库、保税库、快件监管库、出口拼装库区)。航空物流区重点吸引航空货运公司、国际货代公司、快件运输、监管(保税)库经营等类型企业入区。

(3)空港商务区。根据北京空港物流基地总体发展规划在顺平路以南,首都机场以北,开发建设空港商务区。该区域作为航空物流区的配套区域,将建设酒店、写字楼、银行、工商、税务、海关、商检、餐饮等服务设施,是北京首都国际机场的商务核心区,该区域重点吸引国内外航空公司、快运、物流等企业设立总部。

(4)一级货站枢纽。园区利用 0.8km^2 建设一级货站枢纽工程,主要功能是集货、转运、配货、配载等,为北京市的工业、销售企业服务,成为货物集散地、货运交易中心和配货配载中心;为顺义汽车城生产企业提供汽车零配件的集货、仓储、分检配货、流通加工和生产线配送等一体化物流服务。主要建设内容包括：配载站台、集装箱堆场、货运交易市场、信息中心、立体仓库、标准化仓库、管理办公楼等。该项目招投资商或项目法人合作方。

参考文献

[1] LI Xu-hong, HU Wen-you, MAO Hai-jun. Regional logistics center planning method [J]. Journal of Traffic and Transportation Engineering, 2002, 2 (1): 85-87.

[2] L. K. Nozick, M. A. Tumquist. A Two_echelon Inventory Allocation and Distribution Center Location Analysis[J]. Transportation Research Part E, 2001(37):425 ~441.

[3] Eiichi Taniguchi, Russel G Thompson, Tadashi Yamada, Ron van Duin. City Logistics-Network Modelling and Intelligent Transport Systems. Pergamon, 2001.

[4] Linda K Nozick , Mark A Turnquist. Inventory , Transportation , Service Quality and the Location of Distribution Centers [J]. European Journal of Operational Research, 2001 (129): 362 - 371.

[5] Taniguchi E, Noritake M. Optimal size and location planning of public logistics terminals[J]. Transportation Research Part E, 1999,35(2):207-222.

[6] 潘文安.物流园区规划与设计. 北京:中国物资出版社,2005.

[7] 陶经辉,等.基于多指标群决策的物流园区规模确定方法研究.公路交通科技,2005(1).

[8] 通创物流咨询有限公司课题组. 中国物流园区发展模式.中国物资出版社,2004.

[9] 王富民,等. 珠江三角洲物流园区布局规划问题研究,中国公路学报,2004(10):123-126.

[10] 李玉民,等.物流园区规划建设规模确定方法,交通运输工程学,2004(6):第4卷第2期.

[11] 吴峰. 物流园区开发模式的探讨. 江西社会科学,2004(6):246-249.

[12] 刘宇,王耀球. 马兰的物流模式. 中国物流与采购,2004(6):34-36.

[13] 中国物流与采购联合会考察团. 德法荷物流发展概况及启示——赴欧洲物流考察报告. 中国物流与采购,2004(9):42-46.

[14] 张晓东. 物流园区布局规划理论研究. 北京:物资出版社,2004.

[15] 丁斌. 物流园区管理模式研究. 华东经济管理,2004(12),第18卷第6期.

[16] 周骞,等. 物流园区规划的若干问题探讨. 长沙交通学院学报,2003(3).

[17] 张文松. 物流园区发展模式研究. 商业研究,2003(2):158-159.

[18] 汪鸣. 国外物流园区运营模式及借鉴. 中国储运,2003(5):14-16.

[19] 杨家其,陆华. 我国港口物流园区的运作模式研究. 武汉理工大学学报(社会科学版),2003(3)16:221-225.

[20] 林桦. 物流园区的货流预测研究. 武汉理工大学学报,2002(4).

[21] 韩勇. 物流园区系统规划的理论方法和应用研究. 博士论文,2002.

[22] 深圳市规划国土局,深圳市规划设计研究院课题组. 深圳物流园区规划布局构想. 特区理论与实践,2000(4),9-12.

[23] 珠三角在线 http://www.netzsj.com.

[24] 泛珠三角公路网 http://www.moc.gov.cn.

[25] 深圳货运物流网 http://www.xa-rail.com.c.

[26] 地图教学网 http://www.ditu.com.cn.
[27] 中国物流招投标网 http://www.ztb.org.cn.
[28] http://www.ytport.com/ytport.
[29] http://www.ltlog.com.
[30] http://www.airport.bjshy.gov.cn.
[31] http://www.shenzhenwuliu.com.